Werner Rosenberg

Die staatsrechtliche Stellung des Reichskanzlers

Werner Rosenberg

Die staatsrechtliche Stellung des Reichskanzlers

ISBN/EAN: 9783743411654

Hergestellt in Europa, USA, Kanada, Australien, Japan

Cover: Foto ©ninafisch / pixelio.de

Manufactured and distributed by brebook publishing software (www.brebook.com)

Werner Rosenberg

Die staatsrechtliche Stellung des Reichskanzlers

DIE STAATSRECHTLICHE STELLUNG

DES REICHSKANZLERS

VON

WERNER ROSENBERG,

Amtsrichter in Sennheim.

Strassburger Druckerei und Verlagsanstalt,
vormals R. Schultz u. Co.
1889.

Kapitel I.

§ 1. Die Entstehungsgeschichte der Artikel 15 und 17 der Reichsverfassung.

Der «Entwurf der Verfassung des Norddeutschen Bundes», welcher von den verbündeten Regierungen dem konstituirenden Reichstage zur Berathung vorgelegt wurde, enthielt über das neu zu schaffende Amt eines Bundeskanzlers folgende Bestimmungen:

Artikel 12:

Das Präsidium ernennt den Bundeskanzler, welcher im Bundesrathe den Vorsitz führt und die Geschäfte leitet.

Artikel 16:

Der Bundeskanzler kann sich in Leitung der Geschäfte durch jedes andere Mitglied des Bundesraths vermöge schriftlicher Substitution vertreten lassen.

Artikel 18:

Dem Präsidium steht die Ausfertigung und Verkündigung der Bundesgesetze und die Ueberwachung der Ausführung derselben zu. Die hiernach von dem Präsidium ausgehenden Anordnungen werden im Namen des Bundes erlassen und von dem Bundeskanzler mitunterzeichnet.

Motive zu dem Entwurf sind nicht vorhanden. Das Material für die Auslegung der citirten Bestimmungen kann daher nur aus den Verhandlungen des konstituirenden Reichstags entnommen werden. Ein Studium der betreffenden Berathungen, besonders der Debatten vom 23., 26. und 27. März 1867 ergiebt nun, dass auf Seiten der Abgeordneten die grösste Unklarheit über die Stellung des neuen Bundeskanzlers herrschte, und dass die widersprechendsten Ansichten in dieser Beziehung aufgestellt wurden.

Nach dem Abgeordneten von Thielau war der Bundeskanzler nichts weiter als der Delegirte der preussischen Regierung im Bundesrath, der als solcher zugleich den Vorsitz führte[1]). Der Abgeordnete Windthorst erklärte: «Was ist denn der Bundeskanzler? Der Vorsitzende des Bundesraths. Dieser Bundesrath ist keine Executiv-Behörde, sondern wesentlich nur eine gesetzgebende. Es ist also völlig irrelevant, ob der Bundeskanzler, welcher weiter nichts ist als der Vorsitzende des Bundesraths, als Bundesbeamter bezeichnet wird oder nicht »[2]).

Dagegen sprach der Abgeordnete Braun die Ansicht aus, der Bundeskanzler sei der oberste Bundesbeamte, welcher die Gesetze zu kontrasigniren habe[3]).

Der Abgeordnete Dr. von Gerber endlich äusserte sich folgender Massen: «Der Bundeskanzler ist, wie ich es ansehe, der natürliche, vermittelnde Beamte zwischen dem Bundespräsidium und dem Reichstage; er ist der eigentliche Bundesminister »[4]).

Aus den Reden der Reichstagsmitglieder lässt sich also eine Aufklärung über die Stellung, welche der Bundeskanzler nach dem Entwurf einnahm, nicht gewinnen. Den einzigen sicheren Anhalt für die Auslegung des Entwurfs bieten demnach die Erklärungen, welche der Präsident der Bundeskommissarien, der damalige Graf Bismarck, im Namen der verbündeten Regierungen bei den Verhandlungen im Reichstage abgab. Derselbe hat allerdings weder die Stellung des neuen Bundeskanzlers noch die Organisation der künftigen Bundesverwaltung in eingehender und erschöpfender Weise erörtert; doch lassen die verschiedenen Aeusserungen, welche er im Laufe der Debatten machte, sich in folgende Sätze zusammenfassen:

---

[1]) Stenographischer Bericht über die Verhandlungen des verfassungberathenden Reichstags, Seite 391 Spalte 1.
[2]) Sten. Ber. S. 377 Sp. 2.
[3]) Sten. Ber. S. 343 Sp. 2.
[4]) Sten. Ber. S. 362 Sp. 2.

Der Bund hat für die Ausübung seiner Executiv-Befugnisse keine eigenen verantwortlichen Organe, keine Bundesminister. Die Executive in Bundessachen steht zum Theil dem preussischen Staatsministerium zu, zum Theil dem Bundesrath und seinen Ausschüssen.

Das preussische Staatsministerium ist für seine Thätigkeit in Bundessachen nicht dem Bunde, sondern dem preussischen Landtage verantwortlich.

Der Bundeskanzler ist lediglich der stimmführende Bevollmächtigte Preussens im Bundesrath, der als solcher zugleich den Vorsitz führt[1]).

Im Laufe der Verhandlungen wurde die Stellung, welche der Bundeskanzler nach den angeführten Erläuterungen des Präsidenten der Bundeskommissarien im Bundesrathe hatte, von keiner Seite beanstandet; dagegen wurden die Bestimmungen, welche die Executive in Bundessachen betrafen, einer scharfen Kritik unterzogen und zahlreiche Abänderungsvorschläge eingebracht. Die Amendements von Bennigsen[2]), Ausfeld[3]), Erxleben-Zachariä[4]) und Lasker[5]), welche in dieser Beziehung gestellt wurden, verfolgten übereinstimmend den Zweck, für den Bund besondere Organe zu schaffen, welche die Executive in Bundessachen selbst ausüben und dem Bunde verantwortlich sein sollten.

Von besonderer Bedeutung für die definitive Feststellung der Bundesverfassung waren die Anträge des Abgeordneten von Bennigsen, die — im Gegensatz zu den Amendements Ausfeld und Erxleben-Zachariä — sich nur auf diejenigen Executiv-Befugnisse bezogen, welche nach dem Entwurf den preussischen Staatsministern zustanden, die Executiv-Befugnisse des Bundesraths also unberührt liessen[6]).

---

[1]) Sten. Ber. S. 376, 377, 393, 397; Hänel: «Studien zum deutschen Staatsrecht». Theil II Heft I S. 17.
[2]) Anlagen zu den Verhandlungen des konstituirenden Reichstags Nr. 17 Ziffer 2 und 3 Seite 42; Nr. 48 Seite 56.
[3]) Anlagen Nr. 23 Seite 47.
[4]) Anlagen Nr. 30 Seite 49—50.
[5]) Anlagen Nr. 43 Seite 55.
[6]) Sten. Ber. S. 387 Sp. 2.

Der genannte Abgeordnete hatte ursprünglich beantragt:
«Der Reichstag wolle beschliessen:

1) an das Schlusswort des Artikels 12 anzufügen «und für den Bund zu vereidigen ist»;
2) den zweiten Satz des Artikels 18 zu fassen: «Die hiernach von dem Bundespräsidium ausgehenden Anordnungen werden im Namen des Bundes erlassen und bedürfen zu ihrer Gültigkeit der Gegenzeichnung des Bundeskanzlers, welcher hierdurch die Verantwortlichkeit übernimmt.»

Bei den Debatten im Reichstage wurde besonders von dem Abgeordneten Schulze darauf hingewiesen, dass es misslich sei, eine einzige Person für das gesammte Gebiet der Bundesverwaltung verantwortlich zu machen[1]). In Folge dessen zog der Abgeordnete von Bennigsen seine Anträge zurück und brachte an Stelle derselben folgende Amendements ein:

«Der Reichstag wolle beschliessen:

1) dem Artikel 12 hinzuzufügen «ferner die Vorstände der einzelnen Verwaltungszweige, welche nach Inhalt dieser Verfassung zur Competenz des Präsidii gehören».
2) im Artikel 16 hinter den Worten «Leitung der Geschäfte» hinzuzufügen «des Bundesraths».
3) den zweiten Satz des Artikels 18 zu streichen und statt dessen nach Artikel 19 einen besonderen Artikel einzuschalten, lautend: «Die Anordnungen und Verfügungen des Bundespräsidii werden im Namen des Bundes erlassen und bedürfen zu ihrer Gültigkeit der Gegenzeichnung des Bundeskanzlers oder eines der vom Präsidium ernannten Vorstände der einzelnen Verwaltungszweige, welche dadurch die Verantwortlichkeit übernehmen.

Durch ein besonderes Gesetz werden die Verantwortlichkeit und das zur Geltendmachung derselben einzuhaltende Verfahren geregelt.»

---
[1]) Sten. Ber. S. 341 Sp. l.

Von Seiten der verbündeten Regierungen wurde diesen Anträgen des Abgeordneten von Bennigsen, wie überhaupt sämmtlichen Anträgen auf Schaffung verantwortlicher Bundesministerien auf das entschiedenste widersprochen; doch war dieser Widerspruch weniger gegen denjenigen Theil der Anträge gerichtet, welcher den Bundeskanzler für verantwortlich erklärte, als gegen denjenigen Theil, welcher auch die Vorstände der einzelnen Verwaltungszweige verantwortlich machte[1]).

Bei der Abstimmung wurde das erste der Amendements von Bennigsen angenommen, demnächst aber der ganze Artikel 12 abgelehnt.

Das zu Artikel 16 gestellte Amendement wurde direkt verworfen; zu demselben Artikel aber wurde ein Antrag des Grafen Bethusy-Huc angenommen, welcher seinem Inhalt nach den Artikel 12 der ursprünglichen Regierungsvorlage vollständig reproduzirte[2]).

Vor der Abstimmung über das dritte Amendement liess der Antragsteller die Klausel « oder eines der vom Präsidium ernannten Vorstände der einzelnen Verwaltungszweige » fallen. Von diesem modifizirten Amendement wurde sodann der erste Satz angenommen, der zweite dagegen abgelehnt.

Die principielle Aenderung, welche durch die theilweise Annahme des letzten Amendements in der Stellung des Bundeskanzlers hervorgebracht wurde, hat Fürst Bismarck treffend in folgender Weise charakterisirt:

« Als der Verfassungsentwurf für den Norddeutschen Bund zuerst zur Revision gelangte, da war der Reichskanzler durchaus nicht mit den bedeutenden Befugnissen ausgestattet, die ihm

---

[1]) Reden des Grafen Bismarck, Sten. Ber. S. 376, 377, 393 Sp. 2 und 397 Sp. 2.

[2]) Das Amendement des Grafen Bethusy-Huc lautete: « Der Vorsitz im Bundesrath und die Leitung der Geschäfte steht dem Bundeskanzler zu, welcher vom Präsidium zu ernennen ist. Derselbe kann sich durch jedes andere Mitglied des Bundesraths vermöge schriftlicher Substitution vertreten lassen. » (Anlagen zu den Verhandlungen des konstituirenden Reichstags Nr. 51 Seite 58.) Vgl. Sten. Ber. S. 399, 400.

durch den einfachen Satz, der sich heute in Artikel 17 der Verfassung befindet, zugeschoben sind. Er ist damals durch eine Abstimmung in das jetzige Mass hineingewachsen, während er vorher einfach das war, was man in Frankfurt in bundestäglichen Zeiten einen Präsidialgesandten nannte, der seine Instruktionen von dem preussischen Minister der auswärtigen Angelegenheiten zu empfangen hatte und der nebenher das Präsidium im Bundesrathe hatte. Nun wurde durch den Artikel 17 die Bedeutung des Reichskanzlers plötzlich zu der eines kontrasignirenden Ministers und nach der ganzen Stellung nicht mehr eines Unterstaatssekretärs für deutsche Angelegenheiten im auswärtigen preussischen Ministerium, wie es ursprünglich die Meinung war, sondern zu der eines leitenden Reichsministers heraufgeschoben» [1]).

Die Tragweite der von dem Abgeordneten von Bennigsen gestellten Amendements ist bei den Verhandlungen im Reichstage nicht genügend erörtert worden. Insbesondere ist die Frage unberührt geblieben, ob durch diese Anträge, welche den Bundeskanzler zum Bundesbeamten machten, zugleich die Stellung verändert wurde, welche der Bundeskanzler nach dem Verfassungsentwurf bereits als preussischer Bevollmächtigter im Bundesrathe hatte. Die Frage ist zu verneinen. Nach den Erläuterungen, welche der Antragsteller selbst im Laufe der Debatten gab, hatten die genannten Anträge ausschliesslich den Zweck, diejenigen Executiv-Befugnisse, welche den preussischen Staatsministern neben dem Bundesrath in Bundessachen zustanden, auf besondere Bundesbeamte zu übertragen. Die Befugnisse, welcher der preussische Bundesrathsbevollmächtigte innerhalb des Bundesrathes hatte, sollten demnach unberührt bleiben[2]).

---

[1]) Rede des Fürsten Bismarck in der Reichstagssitzung vom 5. März 1878, Sten. Ber. S. 312 Sp. 2.

[2]) Rede des Abg. von Bennigsen, Sten. Ber. S. 387 Sp. 2: «Das Präsidium hat bestimmte Executiv-Befugnisse nach der Vorlage. Diese wollen wir nicht erweitern. Die Executiv-Befugnisse des Bundesraths, der verbündeten Regierungen, sollen nicht vermindert werden. Nur in Bezie-

Von den genannten Anträgen ist ferner nur ein einziger — der auf Artikel 18 bezügliche — definitiv angenommen worden; dagegen hat Artikel 16, welcher die Stellung des Bundeskanzlers innerhalb des Bundesrathes regelt, durch die Amendements von Bennigsen keine Aenderung erfahren. Die Artikel 16 und 18 des Entwurfs gingen in ihrer von dem Reichstag festgestellten Form als Artikel 15 und 17 in die Verfassung des Norddeutschen Bundes, sowie später, mit einigen redaktionellen Aenderungen, in die Reichsverfassung über und bilden auch heute noch die Grundlage für die staatsrechtliche Stellung des Reichskanzlers.

Die Entstehungsgeschichte der genannten Artikel ergiebt also, dass der Reichskanzler verfassungsmässig eine Doppelstellung einnimmt: er ist zu gleicher Zeit Vertreter Preussens im Bundesrath und Minister des Reichs. Eine genaue Unterscheidung beider Funktionen ist nicht nur von theoretischem Interesse, sondern auch von praktischer Bedeutung, da die Grundsätze über die Stellvertretung und die Verantwortlichkeit des Reichskanzlers in beiden Fällen wesentlich verschieden sind.

Kapitel II.

§§ 2—3. Die Funktionen des Reichskanzlers.

§ 2. Der Reichskanzler im Bundesrath.

Als Vertreter Preussens im Bundesrath ist der Reichskanzler preussischer Staatsbeamter. Er wird in dieser Eigenschaft vom König von Preussen ernannt und abberufen und hat Rechte des preussischen Staates wahrzunehmen. Die Rechte Preussens im Bundesrath sind doppelter Natur: sie sind theils Mitgliedschaftsrechte, theils besondere Vorrechte — Präsidial-

---

hung auf die Art und Weise, wie diese Verwaltung, diese Regierungsbefugnisse, welche der Entwurf dem Präsidium beilegt, ausgeübt werden, wollen wir etwas mehr Klarheit in den Entwurf hineinbringen, als jetzt in demselben zu finden ist.« Vgl. auch Sten. Ber. S. 375, 376, 398 Sp. 2.

befugnisse. Dem entsprechend ist der Reichskanzler sowohl Mitglied des Bundesraths als Vorsitzender desselben. Als Mitglied hat er die preussische Stimme im Bundesrath zu führen, sowie die preussischen Interessen im Reichstag zu vertreten. In dem letzteren muss er auf sein Verlangen jederzeit gehört werden, um die Ansichten der preussischen Regierung darzulegen, auch wenn dieselben von der Majorität des Bundesraths nicht adoptirt worden sind [1]).

Die Funktionen, welche der Reichskanzler als Vorsitzender des Bundesraths hat, ergeben sich theils aus der allgemeinen Bestimmung des Artikels 15 der Verfassung, theils aus den besonderen Vorschriften der revidirten Geschäftsordnung vom 26. April 1880. Dem Reichskanzler liegt es ob, die Sitzungen anzuberaumen, zu eröffnen, zu vertagen und zu schliessen, sowie die Berathungen und Abstimmungen zu leiten. Der Reichskanzler hat ferner den Geschäftsverkehr mit dem Reichstage, den Reichsbehörden und den Einzelstaaten zu vermitteln, die an den Bundesrath gerichteten Eingaben in Empfang zu nehmen und in gewissen Fällen selbst zu erledigen [2]). Als Vorsitzender des Bundesraths hat der Reichskanzler auch die vom Bundesrath gefassten Beschlüsse auszufertigen [3]) und die zur Ausführung derselben erforderlichen Verfügungen zu treffen [4]).

Zorn und Laband sprechen dem Reichskanzler ferner die

---

[1]) Artikel 9 der Reichsverfassung.

[2]) § 9 der revidirten Geschäftsordnung: «Der Reichskanzler kann Eingaben, die unzweifelhaft nicht zum Geschäftskreise des Bundesraths gehören, sofort selbst in geeigneter Weise erledigen und Beschwerden, aus denen nicht erhellt, dass der gesetzliche Instanzenzug gewahrt ist, zur Zeit zurückweisen.»

[3]) Laband: «Staatsrecht des Deutschen Reichs» Zweite Auflage Band I S. 608; Hänel: «Studien zum deutschen Staatsrecht» Theil II Heft I S. 89.

[4]) Die «Ausführung» der Bundesrathsbeschlüsse, welche § 27 der revidirten Geschäftsordnung dem Reichskanzler überträgt, besteht nicht in der «Vollziehung» derselben, sondern in der Uebermittelung an die zuständige Vollzugsbehörde. In zahlreichen Fällen wird der Reichskanzler selbst als Reichsminister die Vollzugsbehörde sein und eine besondere Uebermittelung der Bundesrathsbeschlüsse daher überflüssig werden.

Befugniss zu, die formelle Legitimation der Mitglieder des Bundesraths zu prüfen¹). Eine ausdrückliche Bestimmung, durch welche dem Reichskanzler dieses Recht übertragen würde, ist indessen nicht vorhanden; als selbstverständliches Attribut des Vorsitzenden kann dasselbe gleichfalls nicht betrachtet werden; daher wird die Ansicht von Meyer und Hensel vorzuziehen sein, welche den Bundesrath allein für kompetent erklären, die Legitimation seiner Mitglieder zu prüfen²).

Die hier entwickelten Grundsätze über die Stellung des Reichskanzlers im Bundesrath sind sehr bestritten. Allgemein wird die Behauptung aufgestellt, der Reichskanzler führe den Vorsitz im Bundesrath nicht als preussischer Bevollmächtigter, sondern als Reichsminister; das Recht, den Präsidenten des Bundesraths zu ernennen, sei nicht ein Sonderrecht der Krone Preussen, sondern ein Recht der Reichsregierung³). Aus diesem Grundsatz zieht Hensel sodann in logisch richtiger Weise die Folgerung, der Reichskanzler brauche überhaupt nicht Mitglied des Bundesraths, d. h. Bevollmächtigter eines Bundesstaats zu sein. Zur Unterstützung seiner Ansicht beruft er sich auf eine Aeusserung des Fürsten Bismarck in der Reichstagssitzung vom 13. März 1877: «Der Reichskanzler braucht nach der Verfassung, wie ich glaube, gar nicht Mitglied des Bundesraths zu sein. Nach der Verfassung führt er den Vorsitz im Bundesrath und, insoweit ein Vorsitz ohne Mitgliedschaft denkbar ist, wäre es auch möglich, dass er nicht Mitglied wäre.» Dagegen

---

¹) Zorn: Staatsrecht des Deutschen Reichs» Band I Seite 145; Laband (Zweite Auflage) Band I Seite 228 und 354.

²) Georg Meyer: «Lehrbuch des deutschen Staatsrechts» S. 318. Hensel in Hirths «Annalen für Gesetzgebung, Verwaltung und Statistik» Jahrgang 1882 S. 12.

³) Hänel: «Studien zum deutschen Staatsrecht» Th. II Heft 1 S. 24— 25; Hensel: Hirths Annalen 1882 S. 10—12; Hermann Schulze: «Lehrbuch des deutschen Staatsrechts». Buch II S. 91 «Das Recht, den Vorsitzenden zu ernennen, ist nicht ein preussisches, sondern ein kaiserliches Recht»; Laband (Zweite Auflage) Band I S. 254: «Die Reichsverfassung knüpft den Vorsitz im Bundesrath nicht an die Eigenschaft, preussischer Bevollmächtigter zu sein, sondern an die Eigenschaft, Reichskanzler zu sein.»

folgern Hänel und Schulze aus dem Umstand, dass in Artikel 7 der Verfassung die preussische Stimme als die «Präsidialstimme» bezeichnet wird, dass der Reichskanzler neben seiner Eigenschaft als Reichsminister nothwendig auch preussischer Bevollmächtigter sein müsse[1]). Laband kommt auf anderen Wegen zu demselben Resultat. Derselbe führt aus, gemäss Artikel 15 der Verfassung könne sich der Reichskanzler durch jedes «andere» Mitglied des Bundesraths vertreten lassen; der Reichskanzler müsse demnach ebenfalls «Mitglied» des Bundesraths sein. Mitglieder des Bundesraths könnten nur die Bevollmächtigten eines Bundesstaats sein; der Reichskanzler müsse daher gleichfalls Bevollmächtigter eines Bundesstaats sein; derselbe könne aber nur preussischer Bevollmächtigter sein, da sonst die Möglichkeit vorliege, dass er von dem Bundesstaat seines Amtes als Bevollmächtigter enthoben, von dem Kaiser aber in seinem Amte als Reichskanzler belassen werde, was mit Artikel 15 der Verfassung in Widerspruch stehe[2]).

Die Ansicht, dass der Reichskanzler den Vorsitz im Bundesrath in seiner Eigenschaft als Reichsminister führe, findet allerdings in dem Wortlaut der Artikel 15 und 17 der Verfassung eine gewisse Bestätigung. Die Unrichtigkeit dieser Theorie ergiebt sich aber mit Gewissheit aus der Entstehungsgeschichte der genannten Artikel. Wie in der Einleitung bereits ausführlich dargelegt wurde, ist die Stellung, welche der Bundeskanzler gemäss Artikel 12 und 16 des Entwurfs im Bundesrathe hatte, durch die Amendements von Bennigsen nicht berührt worden. Bezüglich seiner Funktionen im Bundesrath ist der Reichskanzler daher auch heute noch dasselbe, was der Bundeskanzler des Entwurfs war, der stimmführende Bevollmächtigte Preussens.

[1]) Die Ansicht von Hänel und Schulze ist von Hensel (Hirths Annalen 1882 Seite 11) treffend widerlegt worden. Derselbe hebt hervor, dass unter «Präsidialstimme» nicht die Stimme des «Bundesrathspräsidenten», sondern die Stimme des «Bundespräsidiums» zu verstehen ist.

[2]) Laband (Zweite Auflage) Bd. I S. 254 Anm. 2 und S. 351.

§ 3. Der Reichskanzler ausserhalb des Bundesraths.

Ungleich wichtiger als die Funktionen, welche der Reichskanzler innerhalb des Bundesraths hat, sind diejenigen, welche ihm ausserhalb desselben zustehen. Ausserhalb des Bundesraths ist der Reichskanzler sowohl der oberste Reichsbeamte als die oberste Reichsbehörde, der verantwortliche Reichsminister. Er wird in dieser Eigenschaft vom Kaiser ernannt und abberufen und hat Rechte des Reiches wahrzunehmen. Seine Funktionen als Reichsminister sind doppelter Natur: soweit der Kaiser selbst die Reichsgeschäfte führt, ist er der Gehülfe des Kaisers; soweit der Kaiser die zu seiner Competenz gehörigen Geschäfte nicht selbst erledigt, ist er der Vertreter desselben. Als Gehülfe des Kaisers hat er bei den Regierungsakten desselben mitzuwirken; als Vertreter des Kaisers hat er die erforderlichen Regierungshandlungen allein vorzunehmen. Seine Mitwirkung bei den Regierungsakten des Kaisers besteht in der Gegenzeichnung derselben. Die Erfüllung dieser Formvorschrift ist eine condicio sine qua non für die Gültigkeit der genannten Akte. Die Gegenzeichnung des Reichskanzlers ist auch erforderlich bei denjenigen Regierungsakten, welche der Kaiser in Militär- und Marine-Angelegenheiten vornimmt. Eine Ausnahme von der Regel, dass alle Anordnungen und Verfügungen des Kaisers zu ihrer Gültigkeit der Gegenzeichnung des Reichskanzlers bedürfen, machen nur die sogenannten «Militärbefehle» d. h. diejenigen Anordnungen und Verfügungen, welche der Kaiser als Oberbefehlshaber des Heeres und der Flotte erlässt[1]. Gesetzlich begründet ist diese Einschränkung des Artikels 17 der Verfassung allerdings in keiner Weise; dieselbe wird jedoch durch folgende Erwägungen gerechtfertigt:

---

[1] Seydel: Kommentar zur Verfassungsurkunde für das Deutsche Reich S. 126; von Rönne a) Verfassungsrecht des Deutschen Reichs S. 183—184; b) Staatsrecht des Deutschen Reichs Bd. I S. 301; c) Staatsrecht der preussischen Monarchie Bd. I Abth. I S. 606; Thudichum: Verfassungsrecht des Norddeutschen Bundes S. 131; Hensel: Ulrihs Annalen 1882 S. 50.

1) Die militärischen «Kommandos», welche der Kaiser in seiner Eigenschaft als Oberbefehlshaber des Heeres und der Flotte erlässt, müssen in der Regel ohne Verzug gegeben und ausgeführt werden. Es ist daher in vielen Fällen (z. B. in einem Manöver oder in einer Schlacht) gar nicht möglich und es hat jedenfalls keinen vernünftigen Zweck, diese Kommandos schriftlich abfassen und von dem Reichskanzler kontrasigniren zu lassen[1]).

2) Das ganze Militärwesen des Norddeutschen Bundes und des Deutschen Reiches beruht auf der preussischen Militärgesetzgebung[2]). Die letztere aber kannte eine Gegenzeichnung der Minister bei den königlichen Militärbefehlen überhaupt nicht. Eine Aenderung dieser preussischen Praxis war bei der Beschlussfassung über Artikel 17 der Verfassung (Artikel 18 der Regierungsvorlage) in keiner Weise beabsichtigt.

Eine scharfe, logische Unterscheidung zwischen «Militärbefehlen» und sonstigen «Militärverordnungen» ist nicht möglich, wie Laband überzeugend nachgewiesen hat[3]). Beiden Begriffen sind die wesentlichen Kriterien gemeinsam; beide sind Unterarten des «Verwaltungsbefehls». Unter Militärbefehlen des

---

[1]) Vgl. Robert von Mohl: «Die Verantwortlichkeit der Minister in Einherrschaften mit Volksvertretung.» S. 167: «Es ist gewiss, dass die Einrichtung des Militärdienstes die Ausstellung von schriftlichen Befehlen, welche sodann vom Minister kontrasignirt und dadurch auf eigene Verantwortlichkeit übernommen werden könnten, häufig ganz unmöglich macht. Hiervon kann namentlich bei den augenblicklich zu vollziehenden und vielleicht schon im nächsten Augenblick durch ein neues ersetzten militärischen Kommandos gar nicht die Rede sein. Theils wird der Kriegsminister nicht immer zur Hand sein, wenn der Regent einen solchen Befehl zu geben für gut findet, theils wäre es ohne den Gipfel der Unzweckmässigkeit und Lächerlichkeit nicht möglich, alle solche Befehle schriftlich auszustellen und kontrasigniren zu lassen. Man denke sich eine förmliche Verordnung, kontrasignirt vom Minister, welche einer Schildwache befiehlt, «Gewehr in Arm» zu nehmen. Was jeder Unteroffizier könnte, stände dem Oberbefehlshaber des ganzen Reichsheeres nicht zu! Wie aber würde sich gar eine auf diese Weise geleitete Schlacht ausnehmen und wie ausfallen!»

[2]) Artikel 61 der Reichsverfassung.
[3]) Laband. Erste Auflage Bd. III S. 35.

Kaisers werden in Ermangelung positiver Vorschriften diejenigen Anordnungen und Verfügungen des Kaisers in Militär- und Marine-Angelegenheiten zu verstehen sein, bei welchen nach der preussischen Militärgesetzgebung keine Gegenzeichnung erforderlich war¹). Die Richtigkeit dieser Theorie wird bestätigt durch den Allerhöchsten Erlass vom 30. März 1889 betreffend die Trennung des Oberkommandos der Marine von der Verwaltung derselben, in welchem bestimmt ist, dass die Pflichten und Rechte des kommandirenden Admirals, welcher den Oberbefehl über die Kriegsmarine des Reichs führt, den Pflichten und Rechten eines kommandirenden Generals der preussischen Armee entsprechen.

Als Vertreter des Kaisers hat der Reichskanzler sämmtliche Geschäfte zu führen, welche überhaupt zur Competenz des Kaisers gehören und nicht in Folge gesetzlicher Bestimmung vom Kaiser persönlich erledigt werden müssen. Bezüglich der genannten Geschäfte ist der Reichskanzler sowohl der Generalbevollmächtigte als der Generalmandatar des Kaisers. In seiner Eigenschaft als Generalbevollmächtigter bedarf er keiner Specialvollmacht, um im Namen des Kaisers mit einem fremden Staate, einem Bundesstaate oder einer Privatperson Verhandlungen zu führen, Verträge zu schliessen, den Reichsfiskus in Processen zu vertreten, vom Reichstage Petitionen, welche der Regierung zur Berücksichtigung überwiesen werden, in Empfang zu nehmen, Verwaltungsverordnungen und Verwaltungsverfügungen an die Reichsbehörden zu erlassen.

In seiner Eigenschaft als Generalmandatar des Kaisers hat der Reichskanzler dafür Sorge zu tragen, dass die übrigen Organe des Reichs — Bundesrath und Reichstag — ihre Aufgabe erfüllen können²), die Beschlüsse des Bundesraths im

---

¹) Für Preussen ist der Begriff der «Militärbefehle» durch den Königlichen Erlass vom 18. Januar 1861 näher erläutert worden; vgl. von Rönne, Staatsrecht des Deutschen Reichs Bd. I S. 301.

²) In den Verordnungen betreffend die Einberufung des Bundesraths und des Reichstags wird der Reichskanzler regelmässig noch besonders beauftragt, die für den Zusammentritt der genannten Körperschaften nöthigen Vorbereitungen zu treffen.

Namen des Kaisers an den Reichstag zu bringen und über die Verwendung aller Einnahmen des Reichs dem Bundesrath sowie dem Reichstag alljährlich zur Entlastung Rechnung zu legen. Die zuletzt erwähnte, durch Artikel 72 der Verfassung begründete Pflicht des Reichskanzlers lag nach der Verfassung des Norddeutschen Bundes ursprünglich dem Bundespräsidium ob, wurde aber bei der neuen Redaktion der Reichsverfassung vom 16. April 1871 auf den Reichskanzler direkt übertragen. Eine sachliche Aenderung ist hierdurch nicht geschaffen worden.

Als Generalmandatar des Kaisers hat der Reichskanzler auch die dem Kaiser gegenüber den einzelnen Bundesstaaten zustehenden Verwaltungs- und Aufsichtsrechte gewissenhaft wahrzunehmen. Demgemäss ist der Reichskanzler, soweit die eigene, unmittelbare Verwaltung des Reiches sich erstreckt, die höchste Verwaltungsinstanz, soweit dagegen die Verwaltung den Einzelstaaten als Selbstverwaltungskörpern überlassen ist, die überwachende Aufsichtsbehörde. Soweit die eigene, unmittelbare Verwaltung des Reiches sich erstreckt, hat der Reichskanzler die oberste Entscheidung über die Führung der Regierungsgeschäfte, die er sowohl durch generelle Instruktionen als durch specielle Verfügungen treffen kann. Der Reichskanzler erlässt diese Entscheidungen in der Regel nach freiem Ermessen. In einzelnen Fällen ist er jedoch in seinem Ermessen beschränkt und an die Zustimmung des Bundesraths gebunden [1]. In anderen Fällen ist wenigstens die Beobachtung einer bestimmten Formalität, die Anhörung von Bundesrathsausschüssen oder Behörden vorgeschrieben [2]. Eine Ausnahme findet statt bei denjenigen Geschäften, welche zur Competenz der rich-

---

[1] Beispiele sind: § 4 und § 207 der Konkursordnung, § 6 Absatz 2 des Gesetzes vom 4. Dezember 1871 betreffend die Ausprägung von Reichsgoldmünzen; Artikel 3 § 4 des Münzgesetzes vom 9. Juli 1873, § 11 des Gesetzes vom 23. Mai 1873 betreffend die Gründung und Verwaltung des Reichs-Invalidenfonds.

[2] Artikel 10 des Gesetzes vom 20. Dezember 1875 betreffend Abänderung des § 4 des Gesetzes über das Postwesen des Deutschen Reichs; § 2 des Gesetzes vom 10. Juli 1879 über die Konsulargerichtsbarkeit.

terlichen Reichsbehörden und der selbstständigen Finanzbehörden des Reichs gehören. Bei diesen Geschäften ist nicht nur die oberste, sondern überhaupt jede Entscheidung des Reichskanzlers ausgeschlossen. Seine Thätigkeit beschränkt sich darauf, für den nothwendigen Personalbestand, die Geschäftsräume und sonstigen Bedürfnisse der genannten Behörden zu sorgen. Die selbstständigen Finanzbehörden des Reichs sind der Rechnungshof und die Reichsschuldenkommission. Denselben sind ausserdem in gewissen Beziehungen die Verwaltung des Reichs-Invalidenfonds und die Reichsschulden-Verwaltung gleichgestellt.

Bis zum 1. Oktober 1879 war der Reichskanzler auch höchste Verwaltungsinstanz für die in der eigenen und unmittelbaren Verwaltung des Reiches befindliche Provinz Elsass-Lothringen. Die Funktionen, welche er in dieser Beziehung hatte, sind indessen durch § 2 des Gesetzes vom 4. Juli 1879 betreffend die Verfassung und Verwaltung Elsass-Lothringens auf den Statthalter übertragen worden. Der Grundsatz, dass der Reichskanzler der Generalmandatar des Kaisers ist, gilt demnach in Elsass-Lothringen nur noch für diejenigen Verwaltungsrechte, welche dem Kaiser auf Grund der Reichsverfassung zustehen, nicht auch für diejenigen, welche derselbe gemäss § 3 des Gesetzes vom 9. Juni 1871 betreffend die Vereinigung von Elsass-Lothringen mit dem Deutschen Reiche auszuüben hat.

Als Aufsichtsbehörde hat der Reichskanzler die Ausführung der Reichsgesetze in den einzelnen Bundesstaaten zu überwachen. Werden von ihm Mängel konstatirt, so hat er die Regierung des betreffenden Bundesstaats zur Beseitigung derselben aufzufordern. Kommt die Regierung dieser Aufforderung nicht nach, so muss er die Angelegenheit dem Bundesrathe unterbreiten, welcher sodann gemäss Artikel 7 Ziffer 3 der Reichsverfassung die Entscheidung trifft. Direkte Weisungen also kann der Reichskanzler den Behörden der Einzelstaaten nicht ertheilen. Sein Verhältniss zu denselben ist nicht das einer vorgesetzten Dienstbehörde, sondern das einer koordinirten Controlbehörde. Dieser Grundsatz erleidet jedoch folgende Ausnahmen:

1) Nach § 12 des Gesetzes vom 7. April 1869, Massregeln gegen die Rinderpest betreffend, liegt es dem Reichskanzler ob, die Ausführung des Gesetzes und der auf Grund desselben erlassenen Anordnungen zu überwachen. «Erforderlichen Falls wird der Reichskanzler selbstständig Anordnungen treffen oder einen Bundeskommissar bestellen, welcher die Behörden des betheiligten Einzelstaats unmittelbar mit Anweisung zu versehen hat.»

2) § 4 des Gesetzes vom 23. Juni 1880 betreffend die Abwehr und Unterdrückung von Viehseuchen bestimmt: «Dem Reichskanzler liegt es ob, die Ausführung dieses Gesetzes und der auf Grund desselben erlassenen Anordnungen zu überwachen. Tritt die Seuche in einer solchen Gegend des Reichsgebiets oder in solcher Ausdehnung auf, dass von den zu ergreifenden Massregeln nothwendig die Gebiete mehrerer Bundesstaaten betroffen werden müssen, so hat der Reichskanzler oder ein von ihm bestellter Reichskommissar . . . . . nöthigenfalls die Behörden der betheiligten Bundesstaaten unmittelbar mit Anweisung zu versehen.»

3) Nr. III Ziffer 7 der Kaiserlichen Verordnung vom 1. April 1876 betreffend die Ausführung des Gesetzes vom 13. Juni 1873 schreibt vor: «Gegen die Entscheidung der Rekursbehörde ist innerhalb einer Präklusivfrist von 14 Tagen vom Tage des Empfangs der Entscheidung ab die Berufung an den Reichskanzler zulässig, jedoch nur insoweit, als die Verletzung eines Reichsgesetzes oder einer Ausführungsbestimmung zu einem solchen behauptet wird.» Rekursbehörde aber ist gemäss Nr. III Ziffer 5 der genannten Verordnung und Beilage C. N. V. das Kgl. preussische Ministerium des Innern, das Kgl. preussische Kriegsministerium, das Kgl. bayrische Staatsministerium des Innern, das Kgl. bayrische Kriegsministerium, das Kgl. sächsische Kriegsministerium, das Kgl. württembergische Ministerium des Innern u. s. w.

Eine Aufzählung und Gruppirung der zahlreichen Funktionen, welche der Reichskanzler nach den hier entwickelten Grundsätzen als Vertreter des Kaisers hat, ist ohne wissenschaftliches Interesse und hat lediglich den Werth eines Katalogs derjenigen Gesetzesstellen, in welchen das Wort «Reichskanzler» oder «Kaiser» vorkommt. Eine besondere Besprechung erfordern nur die Funktionen, welche der Reichskanzler in Bezug auf das Militär- und Marinewesen hat. Der Satz, dass der Reichskanzler der Generalbevollmächtigte und der Generalmandatar des Kaisers ist, gilt nur für die Verwaltungs- und Aufsichtsrechte, welche der Kaiser auf dem Gebiet der Militär- und Marineverwaltung hat, nicht auch für das Recht des Oberbefehls, welches dem Kaiser gemäss Artikel 53 Absatz 1 und Artikel 63 Absatz 1 der Verfassung zusteht. Dies ist ausdrücklich erkannt in den Allerhöchsten Erlassen vom 1. Januar 1872 betreffend die oberste Marinebehörde und vom 30. März 1889 betreffend die Trennung des Oberkommandos der Marine von der Verwaltung derselben, in welchen bestimmt wird, dass die Verwaltung der Marine unter der Verantwortlichkeit des Reichskanzlers und der Oberbefehl nach den Anordnungen des Kaisers zu führen ist. Bezüglich des Unterschieds zwischen den Begriffen «Militärverwaltung» oder «Marineverwaltung» und «Oberbefehl» gilt dasselbe, was bereits früher bei der Gegenzeichnung über den Unterschied zwischen Militärbefehl und Militärverordnung gesagt worden ist. Während aber die Marineverwaltung zu denjenigen Verwaltungszweigen gehört, die sich in der eigenen und unmittelbaren Verwaltung des Reiches befinden, beschränkt sich das Reich bezüglich der Militärverwaltung in der Hauptsache auf die Gesetzgebung und Beaufsichtigung und überlässt die Verwaltung den Einzelstaaten[1]). Dieses an und für sich ganz einfache und klare Rechtsverhältniss wird jedoch durch folgende Umstände komplicirt:

1) Die Militärverwaltung wird nicht, wie beispielsweise die Justizverwaltung, von jedem einzelnen Bundesstaat, im Namen und auf Rechnung jedes einzelnen Bundesstaats, sondern von den Bundesstaaten Preussen, Bayern, Sachsen und Württem-

---

[1]) Vgl. über diese Streitfrage Laband im »Archiv für öffentliches Recht« Bd. III.

berg im Namen der genannten Bundesstaaten und auf Rechnung des Reiches geführt.

2) Neben dem Militärfiskus von Preussen, Bayern, Sachsen und Württemberg besteht für die gemeinsamen Bedürfnisse dieser vier Militärverwaltungen ein besonderer Militärfiskus des Reichs. Das Reich stellt den Etat für das gesammte Reichsheer fest und überweist den einzelnen Contingents-Verwaltungen die erforderlichen Summen; das Reich nimmt die Anleihen auf, welche die ausserordentlichen Bedürfnisse des Heeres erfordern; das Reich hat das Eigenthum und die Verwaltung des Reichskriegsschatzes sowie des Reichs-Invalidenfonds[1]); das Reich zahlt die Rayon-Entschädigungen[2]); das Reich endlich ist Eigenthümer aller zum dienstlichen Gebrauch einer Militärverwaltung bestimmten Gegenstände[3]).

Als Resultat dieser Ausführungen ergiebt sich: Der Reichskanzler ist Vertreter des Kaisers nur in Bezug auf die Militär- und Marineverwaltung, nicht auch in Bezug auf den Oberbefehl. Soweit die Militärverwaltung im Namen des Reichs geführt wird, ist der Reichskanzler die oberste Verwaltungsinstanz; soweit die Militärverwaltung im Namen eines Bundesstaats geführt wird, ist der Reichskanzler Aufsichtsbehörde.

Kapitel III.

§§ 4—5. Die Verantwortlichkeit des Reichskanzlers.

§ 4. Die Verantwortlichkeit im Allgemeinen.

Der Reichskanzler ist ebenso wie jeder andere Reichsbeamte für sein Verhalten in und ausser dem Amte verant-

---
[1]) Gesetz vom 11. November 1871 betreffend die Bildung eines Reichskriegsschatzes; § 11 des Gesetzes vom 23. Mai 1873 betreffend die Gründung und Verwaltung des Reichs-Invalidenfonds.
[2]) § 34 und 42 des Gesetzes vom 21. Dezember 1871 betreffend die Beschränkung des Grundeigenthums in der Umgebung von Festungen.
[3]) Gesetz vom 25. Mai 1873 über die Rechtsverhältnisse der zum dienstlichen Gebrauch einer Reichsverwaltung bestimmten Gegenstände.

wörtlich¹). Diese allgemeine Verantwortlichkeit, welche jeden Beamten ohne Unterschied trifft, ist dreifacher Natur: eine civilrechtliche, eine strafrechtliche und eine disciplinäre³). In allen diesen Beziehungen gelten für den Reichskanzler als preussischen Bundesrathsbevollmächtigten genau dieselben Grundsätze, welche für die preussischen Staatsbeamten überhaupt gelten; ebenso finden auf den Reichskanzler als Reichsminister die Vorschriften über die Verantwortlichkeit der Reichsbeamten in vollem Umfange Anwendung³). Eine Modifikation dieser Bestimmungen tritt nur insofern ein, als der Reichskanzler die ihm durch das Reichsbeamtengesetz vom 31. März 1873 übertragenen Disciplinarbefugnisse in eigener Sache natürlich nicht wahrnehmen kann. In diesen Fällen wird, wie in § 347 der Civilprocessordnung und § 49 der Strafprocessordnung, an Stelle des Reichskanzlers der Kaiser zu setzen sein.

§ 5. Die Ministerverantwortlichkeit des Reichskanzlers.

Ausser der allgemeinen Beamten-Verantwortlichkeit hat der Reichskanzler noch eine besondere Verantwortlichkeit — die Minister-Verantwortlichkeit. Die letztere existirt nur für diejenigen Handlungen, welche der Reichskanzler als Reichsminister vornimmt, nicht auch für diejenigen Handlungen, welche er als preussischer Bevollmächtigter im Bundesrathe vornimmt. Allerdings kann der Reichskanzler für seine Thätigkeit im Bundesrathe auch eine Minister-Verantwortlichkeit haben, wenn er nämlich preussischer Staatsminister ist. Das Amt des Reichskanzlers und dasjenige eines preussischen Staats-

---

¹) § 10 und § 13 des Gesetzes vom 31. März 1873 betreffend die Rechtsverhältnisse der Reichsbeamten.
²) Laband. Zweite Auflage Bd. I S. 447.
³) Vgl. über die civilrechtliche Verantwortlichkeit der preussischen Staatsbeamten von Rönne: Staatsrecht der preussischen Monarchie Band II Abth. I S. 515 (Dritte Auflage) und über die disciplinarische Verantwortlichkeit der preussischen Staatsbeamten von Rönne: Staatsrecht der preussischen Monarchie Bd. II Abth. I S. 435 ff. (Dritte Auflage).

ministers wird thatsächlich — aus politischen Gründen — meist verbunden sein; rechtlich ist jedoch die Verbindung dieser Aemter in keiner Weise erforderlich. Eine Erörterung dieser Minister-Verantwortlichkeit, welche der Reichskanzler als Bundesrathsbevollmächtigter zufällig haben kann, kann daher unterbleiben. Die besondere Verantwortlichkeit, welche der Reichskanzler in seiner Eigenschaft als Reichsminister hat, ist die sogenannte «konstitutionelle» Verantwortlichkeit. Dieselbe lässt sich definiren als die Pflicht des Reichskanzlers, über die Gesetzmässigkeit und die politische Zweckmässigkeit seiner Amtshandlungen dem Reichstage auf Verlangen Rechenschaft abzulegen. Der Reichskanzler ist jedoch dem Reichstage nicht untergeordnet; er ist lediglich der Controle einer gleichstehenden Aufsichtsbehörde unterworfen. Eine Controle des Reichstags über die Amtshandlungen des Reichskanzlers ist aber nur dann möglich, wenn der Reichstag von diesen Amtshandlungen vollständige und genaue Kenntniss hat. Aus dem Recht der Controle folgt daher einerseits für den Reichstag das Recht, Auskunft zu verlangen, andererseits für den Reichskanzler die Pflicht, Auskunft zu ertheilen[1]). Die Pflicht des Reichskanzlers, Auskunft zu ertheilen, erleidet ebenso wie die Zeugnisspflicht der öffentlichen Beamten eine Ausnahme, wenn die Ertheilung der Auskunft dem Wohle des Reichs oder eines Bundesstaats Nachtheil bereiten würde[2]).

Die konstitutionelle Verantwortlichkeit des Reichskanzlers erstreckt sich auf den gesammten Umkreis seiner Amtsgeschäfte; die Grenzen seiner Verantwortlichkeit decken sich mit den Grenzen seiner Kompetenz. Aus diesem Grundsatz ergeben sich folgende Konsequenzen: Der Reichskanzler ist verantwortlich für alle Regierungsakte des Kaisers, welche er als Gehülfe desselben kontrasignirt. Er ist daher nicht verantwortlich für die Militärbefehle, welche der Kaiser in Militär- und Marine-Angelegenheiten erlässt, da bei denselben eine Gegen-

---

[1]) Laband: Staatsrecht. Zweite Auflage Bd. I S. 282.
[2]) Vgl. § 341 der Civilprocessordnung und § 53 der Strafprocessordnung.

zeichnung des Reichskanzlers überhaupt nicht stattfindet[1]). Ebenso wenig ist er verantwortlich für die Regierungsakte des Kaisers auf dem Gebiet der elsass-lothringischen Landesverwaltung, da die fraglichen Akte nicht von dem Reichskanzler, sondern vom Statthalter kontrasignirt werden. Bei denjenigen Regierungsakten, welche die Ausfertigung von Gesetzen zum Gegenstand haben, ist der Reichskanzler nur dafür verantwortlich, dass dieselben verfassungsmässig zu Stande gekommen sind, und dass der Text derselben mit den vom Bundesrath und vom Reichstag beschlossenen Gesetzentwürfen völlig übereinstimmt. Für den Inhalt der Gesetze ist er nicht verantwortlich, da dieser Inhalt vom Bundesrath und vom Reichstag allein — ohne Mitwirkung des Kaisers oder des Reichskanzlers — festgestellt wird[2]). Bei Ausfertigung von Bestallungsurkunden für Beamte, welche vom Bundesrath gewählt und vom Kaiser ernannt werden, ist der Reichskanzler nicht für die richtige Auswahl, sondern nur für die richtige Bezeichnung der ausgewählten Personen verantwortlich, da die Auswahl derselben von dem Willen des Kaisers, sowie von seinem eigenen Willen unabhängig ist. Dagegen ist er bei Ausfertigung von Verordnungen, welche der Kaiser «im Einvernehmen mit dem Bundesrath» erlässt, auch für den Inhalt der fraglichen Verordnungen verantwortlich, da der Kaiser nicht verpflichtet ist, eine derartige Verordnung auszufertigen, wenn die vom Bundesrath beschlossene Fassung seinen Wünschen nicht entspricht. Für den Inhalt der von dem Bundesrath selbstständig erlassenen Verordnungen ist er nicht verantwortlich, da die fraglichen Verordnungen von ihm nicht in seiner Eigenschaft als Reichsminister, sondern in seiner Eigenschaft als Präsident des Bundesraths unterzeichnet werden. Als Vertreter des Kaisers auf dem Gebiet der Reichsverwaltung ist der Reichskanzler

---

[1]) Vgl. Rede des Fürsten Bismarck in der Reichstagssitzung vom 21. März 1889.
[2]) Fürst Bismarck hat im Jahre 1880 bei einer Gesetzesvorlage über Erhebung der Reichsstempelabgaben die entgegengesetzte Ansicht vertreten. Vgl. Hänel, Studien Theil II Seite 49 ff.

sowohl für seine eigenen Amtshandlungen als für die Amtshandlungen der ihm untergeordneten Reichsbehörden verantwortlich. Dieser Satz ist jedoch nicht in dem Sinne zu verstehen, als ob der Reichskanzler für jeden einzelnen Verwaltungsakt, der ohne sein Wissen und Wollen von irgend einem untergeordneten Organ vorgenommen wird, die Verantwortlichkeit zu tragen hätte; seine Verantwortlichkeit beschränkt sich vielmehr auf das Gebiet, welches er vernünftiger Weise selbst beherrschen kann, auf die Feststellung der Principien, welche die Unterbehörden bei Erledigung der ihnen zugewiesenen Geschäfte zu befolgen haben, und auf die Leitung der Geschäfte im Grossen und Ganzen[1]). Bei den richterlichen Reichsbehörden und bei den selbstständigen Finanzbehörden des Reichs ist die Verantwortlichkeit des Reichskanzlers — entsprechend seiner Kompetenz — noch weiter eingeschränkt. Dieselbe erstreckt sich nur darauf, dass die genannten Behörden überhaupt existiren und ordnungsmässig funktioniren können. Als Vertreter des Kaisers auf dem Gebiet der Landesverwaltung ist der Reichskanzler dafür verantwortlich, dass die dem Reiche zustehende Controle über die Verwaltung der Einzelstaaten gewissenhaft gehandhabt werde. Für die Thätigkeit der Landesbehörden dagegen ist er nicht verantwortlich, da er auf die Geschäftsführung derselben — von den früher citirten Ausnahmefällen abgesehen — keinen unmittelbaren

---

[1]) Vgl. die Rede des Fürsten Bismarck in der Reichstagssitzung vom 1. Dezember 1874: »Darin darf meines Erachtens die Verantwortlichkeit des Reichskanzlers nicht gesucht werden, dass jede specielle Massregel innerhalb des ganzen Bezirks, für den er verantwortlich ist, gerade als von ihm herrührend und gebilligt angesehen wird. Ich bin meines Erachtens dafür verantwortlich, dass an der Spitze der einzelnen Zweige der Reichsverwaltung Leute stehen, die nicht nur dazu befähigt sind, sondern die ihre Verwaltung auch im Grossen und Ganzen in der Richtung des Stromes führen, den das deutsche politische Leben nach der augenblicklichen Richtung des deutschen Geistes und der deutschen Geister zu laufen genöthigt ist . . . . . . Für alle Einzelheiten der Verwaltung mir die Verantwortlichkeit zuzumuthen, das wäre ungerecht und wäre Uebermenschliches von mir verlangt.« Sten. Ber. S. 421 Sp. 2.

und direkten Einfluss üben kann. Als Verwaltungs- und Aufsichtsbehörde hat der Reichskanzler auch die Verantwortlichkeit auf dem Gebiet der Militär- und Marineverwaltung[1]).

Ausser dem Reichskanzler existiren nur noch zwei Klassen von Reichsbeamten, welche ebenfalls die konstitutionelle Verantwortlichkeit für ihre Amtshandlungen haben: der Statthalter von Elsass-Lothringen als Rechtsnachfolger des Reichskanzlers in Bezug auf die Landesverwaltung des Reichslandes[2]), sowie die General- und Special-Vertreter des Reichskanzlers. Von der Verantwortlichkeit der letzteren wird später noch näher die Rede sein.

Die konstitutionelle Verantwortlichkeit des Reichskanzlers ist durch Artikel 17 der Verfassung begründet. Der genannte Artikel bestimmt allerdings nur, dass der Reichskanzler durch die Gegenzeichnung der Anordnungen und Verfügungen des Kaisers die Verantwortlichkeit für diese Akte übernimmt; es ist jedoch allgemein anerkannt, dass der fragliche Artikel nicht in beschränktem Sinne auszulegen ist, sondern lediglich eine Anwendung des generellen Princips enthält: «Der Reichskanzler trägt die Verantwortlichkeit für alle Amtshandlungen, für welche er als Gehülfe oder Vertreter des Kaisers kompetent ist»[3]). Artikel 17 der Verfassung ist demnach in analoger Weise auf alle Amtshandlungen des Reichskanzlers auszudehnen. Das angeführte Princip ist ausser in Artikel 17 auch noch in einer Reihe von Specialgesetzen und Specialverordnungen zur Anwendung gebracht worden. So bestimmt der Allerhöchste Erlass vom 1. Januar 1872 betreffend die oberste Marinebehörde, dass der Chef der Kaiserlichen Admiralität die Verwaltung unter

---

[1]) Rede des Grafen Bismarck in der Reichstagssitzung vom 28. September 1867: «Ich gebe hiermit die von dem Herrn Vorredner vermisste Erklärung ab, dass ich den Bundeskanzler auch für die Kriegs- und Marineverwaltung des Bundes dem Reichstage oder dem Bunde gegenüber für verantwortlich ansehe, so lange die jetzige Bundesverfassung besteht.» Sten. Ber. S. 139 Sp. 2.
[2]) Laband: Staatsrecht Bd. I S. 713—715 (Zweite Auflage).
[3]) Laband: Staatsrecht Bd. I S. 350 ff. (Zweite Auflage); Zorn: Staatsrecht des Deutschen Reichs Bd. I S. 195.

der Verantwortlichkeit des Reichskanzlers zu führen hat. In demselben Sinne verfügt der Allerhöchste Erlass vom 30. März 1889 betreffend die Trennung des Oberkommandos der Marine von der Verwaltung derselben: «Die Verwaltung der Marine wird unter der Verantwortlichkeit des Reichskanzlers von dem Staatssekretär des Reichs-Marine-Amts mit den Befugnissen einer obersten Reichsbehörde geführt.» Die Kaiserliche Verordnung vom 22. Dezember 1875, betreffend die Verwaltung des Post- und Telegraphenwesens, ordnet in § 1 an: «Mit dem 1. Januar 1876 wird die Verwaltung des Post- und Telegraphenwesens vom Ressort des Reichskanzler-Amts getrennt und die Leitung derselben unter der Verantwortlichkeit des Reichskanzlers dem Generalpostmeister übertragen. Endlich verfügt § 3 des Gesetzes vom 27. Juni 1873 betreffend die Errichtung eines Reichs-Eisenbahn-Amts: «Vorbehaltlich der Bestimmungen in § 5 Nr. 4 führt das Reichs-Eisenbahn-Amt seine Geschäfte unter der Verantwortlichkeit und nach den Anweisungen des Reichskanzlers»[1]. In einer Reihe von Fällen ferner ist dem Reichskanzler zur Pflicht gemacht worden, über gewisse Amtshandlungen an den Reichstag Bericht zu erstatten[2].

---

[1] Hensel behauptet, die in den citirten Bestimmungen erwähnte Verantwortlichkeit des Reichskanzlers sei nicht die konstitutionelle, sondern die disciplinäre; die fraglichen Bestimmungen hätten den Sinn, dass nicht die Chefs des Reichs-Eisenbahn-Amts, des Reichspost-Amts, der Kaiserlichen Admiralität für die Gesetzmässigkeit ihrer amtlichen Handlungen nach Massgabe des Reichsbeamtengesetzes dem Kaiser verantwortlich seien, sondern dass hierfür einzig und allein der Reichskanzler verantwortlich sei (Hirths Annalen Jahrgang 1882 S. 55/56). Diese Ansicht steht in Widerspruch 1) mit dem klaren Wortlaut der genannten Bestimmungen, in welchen von der Verantwortlichkeit der Chefs der Admiralität u. s. w. überhaupt nicht, sondern ausschliesslich von der Verantwortlichkeit des Reichskanzlers die Rede ist; 2) mit § 80 und 81 des Reichsbeamtengesetzes, nach welchen jeder Reichsbeamte jedem Dienstvorgesetzten disciplinär verantwortlich ist; 3) mit Artikel 50 der Reichsverfassung, nach welchem sämmtliche Beamte der Post- und Telegraphen-Verwaltung, folglich auch der Chef des Reichspostamts, verpflichtet sind, den kaiserlichen Anordnungen Folge zu leisten.

[2] Beispiele sind: Artikel 72 der Verfassung; § 11 des Gesetzes vom 4. Dezember 1871 betreffend die Ausprägung von Reichsgoldmünzen; § 3

Die vorstehenden Ausführungen über die Minister-Verantwortlichkeit des Reichskanzlers sind von Anfang bis zu Ende bestritten. Zahlreiche Juristen behaupten, der Grundsatz, dass der Reichskanzler die konstitutionelle Verantwortlichkeit gegenüber dem Reichstag habe, sei noch gar kein geltendes Recht, sondern lediglich ein politisches Princip, welches erst im Wege der Gesetzgebung zu einem Rechtsinstitut des positiven Rechts fortgebildet werden müsse. Demgemäss bezeichnen sie die fragliche Verantwortlichkeit nicht als eine «juristische», sondern als eine «moralische» oder «politische» oder «historisch-politische»[1]). Andere Juristen gehen noch weiter und erklären die in Artikel 17 der Verfassung enthaltene Bestimmung geradezu für eine «Phrase»[2]). Ferner herrscht Streit über die Frage, wem der Reichskanzler verantwortlich ist, ob die konstitutionelle Verantwortlichkeit lediglich dem Reichstage oder auch dem Bundesrath gegenüber besteht[3]). Endlich ist streitig, für welche Handlungen der Reichskanzler verantwort-

---

des Gesetzes vom 6. April 1885 betreffend Postdampfschiffsverbindungen mit überseeischen Ländern; § 5 des Gesetzes vom 27. Januar 1875 betreffend die Aufnahme einer Anleihe, sowie alle späteren Anleihe-Gesetze.

[1]) Laband: Staatsrecht Bd. I S. 355 (Zweite Auflage); von Rönne a) Verfassungsrecht des Deutschen Reichs S. 182; b) Staatsrecht des Deutschen Reichs Bd. I S. 295; c) Staatsrecht der preussischen Monarchie Bd. I Abth. II S. 606 (Dritte Auflage); Mohl: Das deutsche Reichsstaatsrecht S. 393 ff.; ferner die Rede des Abg. von Dennigsen in der Reichstagssitzung vom 5. März 1878, Sten. Ber. S. 331 Sp. 2 : «Eine juristische Verantwortlichkeit kennt die Reichsverfassung so wenig wie die mancher anderen Länder.»

[2]) Seydel: Kommentar zur Verfassungsurkunde für das Deutsche Reich S. 129; Hensel in «Hirths Annalen» 1882 S. 53/55; Rede des Abg. Reichensperger in der Reichstagssitzung vom 9. März 1878, Sten. Ber. S. 408.

[3]) von Rönne, Laband und Zorn nehmen übereinstimmend an, dass der Reichskanzler auch dem Bundesrath verantwortlich sei (vgl. von Rönne a) Staatsrecht des Deutschen Reichs Bd. I S. 297; b) Staatsrecht der preussischen Monarchie Bd. I Abth. II S. 607, Dritte Auflage; Laband: Staatsrecht Bd I S. 356, Zweite Auflage; Zorn: Staatsrecht Bd. I S. 198; Mohl sagt in seiner Schrift : Das deutsche Reichsstaatsrecht S. 398: «Eine häklige Frage ist es immerhin, ob der Reichskanzler auch dem Bundesrath verantwortlich ist.» In der Reichstagssitzung vom 28. September

lich ist, ob derselbe auch für die Bundesrathsbeschlüsse, bei deren Ausführung er mitwirkt, die Verantwortlichkeit zu tragen hat¹).

In Bezug auf diese Streitfragen ist Folgendes zu bemerken:

I. Nach den Verhandlungen im verfassungberathenden Reichstage kann es keinem Zweifel unterliegen, dass durch den Antrag des Abgeordneten von Bennigsen, welcher den Bundeskanzler für verantwortlich erklärte, ebenso wie durch alle übrigen Anträge, welche auf Schaffung verantwortlicher Bundesminister gerichtet waren, eine Verantwortlichkeit im Sinne der herrschenden konstitutionellen Staatsrechtstheorie begründet werden sollte²). Die in Artikel 17 der Verfassung erwähnte Verantwortlichkeit des Reichskanzlers ist demnach keine «Phrase», wie Seydel und Andere behaupten, sondern ein fester, wissenschaftlicher Begriff, der ganz bestimmte Rechte und Pflichten in sich schliesst. Zu diesen Rechten, welche aus dem Begriff der Verantwortlichkeit als nothwendige Konsequenzen sich ergeben, gehört auch das Recht des Reichstags, über die Amtshandlungen des Reichskanzlers von dem Letzteren Auskunft zu verlangen, das sogenannte Recht der «Interpellation», das beispielsweise in Artikel 81 und 82 der preussischen Verfassung vom 31. Januar 1850 ausdrücklich anerkannt worden ist.

1867 gab Graf Bismarck die Erklärung ab, dass er den Bundeskanzler für die Kriegs- und Marineverwaltung des Bundes dem Reichstage wie dem Bunde gegenüber für verantwortlich ansehe. Sten. Ber. S. 139 Sp. 2.

¹) von Rönne: Staatsrecht des Deutschen Reichs Bd. I S. 299 und Anmerkung (Zweite Auflage). Seydel: Kommentar S. 126/127.

²) Die Tendenz der genannten Anträge ist am schärfsten von dem Abgeordneten Gneist hervorgehoben worden: «Ich glaube, es wird uns, die wir von liberaler Seite aus Amendements gestellt haben, ziemlich übereinstimmend um dasselbe zu thun sein, das heisst, die endliche Herrschaft der Gesetze in der Staatsverwaltung durchzuführen. Wir werden darin geleitet durch Ueberzeugungen, die bis zu einem grossen Masse gemeinsam sind, die eben dadurch eine Macht in der europäischen Welt geworden sind. Es sind dies die konstitutionellen Lehren, zu denen wir uns Alle mit gleicher Aufrichtigkeit bekennen.» (Verhandlungen des verfassungberathenden Reichstags, Sten. Ber. S. 372.)

Von Vertretern der entgegengesetzten Theorie wird behauptet, das Amendement Braun, nach welchem der Reichstag das Recht haben sollte, bei seinen Berathungen die Anwesenheit des Bundeskanzlers zu verlangen, sei ja im konstituirenden Reichstag abgelehnt und damit festgestellt worden, dass weder ein Interpellationsrecht des Reichstags noch eine Verantwortlichkeit des Bundeskanzlers im Sinne der konstitutionellen Theorie überhaupt existire[1]). Ein näheres Studium der betreffenden Berathungen ergiebt indessen, dass die Ablehnung des genannten Amendements einfach desshalb erfolgte, weil dasselbe für überflüssig gehalten wurde[2]).

Die konstitutionelle Verantwortlichkeit des Reichskanzlers ist auch nicht bloss ein politisches Princip, sondern ein Rechtsinstitut des geltenden öffentlichen Rechts. Die Sätze des öffentlichen Rechts, welche in der Reichsverfassung oder in anderen Gesetzen enthalten sind, sind desshalb nicht weniger Rechtssätze, weil ihre Befolgung nicht durch strafrechtliche Normen sicher gestellt ist. Mit demselben Recht könnte man die Vorschriften, welche die Verfassung über die Rechte und Pflichten des Bundesraths und des Reichstages enthält, als «politische Principien» bezeichnen; dieselben sind ebenso wie die Vorschriften über die Verantwortlichkeit des Reichskanzlers *leges imperfectae*. Die Theorie, welche dem Reichskanzler nur eine «moralische» oder «politische» Verantwortlichkeit beilegt, ist darauf zurückzuführen, dass mit dem Begriff «Ministerverantwortlichkeit» zwei ganz verschiedene Dinge bezeichnet werden, nämlich die Pflicht der Minister, ihre Amtshandlungen vor einem Parlamente zu vertreten, und die Pflicht der Minister, ihre Amtshandlungen auf Verlangen des Parlaments vor einem Staatsgerichtshof zu vertreten[3]).

---

[1]) **Hensel** in «Hirths Annalen 1882» S. 54.

[2]) Rede des Grafen Bismarck in der Reichstagssitzung vom 29. März 1867: «Ich halte diesen Zusatz eigentlich für überflüssig. Die Regierungen haben ja das grösste und dringendste Interesse, ihre Angelegenheiten beim Reichstage zu vertreten und hier zu erscheinen.» Sten. Ber. S. 145.

[3]) Auf die Verschiedenheit beider Begriffe ist bereits im konstituirenden

Die hier entwickelte Ansicht, dass die Verantwortlichkeit des Reichskanzlers bereits ein Rechtsinstitut des geltenden Rechts sei, wird auch von verschiedenen angesehenen Staatsrechtslehrern getheilt. Hermann Schulze führt aus: «Es ist anzunehmen, dass jeder Artikel einer Verfassung einen Rechtssatz aussprechen will und wirklich ausspricht. Sätze der Moral und Politik gehören in keine Verfassungsurkunde. Daher ist auch die Verantwortlichkeit des Reichskanzlers nach der Verfassung als eine rechtliche anzusehen.» In derselben Weise äussert sich Hänel: «Was in einer Verfassungsurkunde steht und bestimmt wird, ist die Regelung eines Rechtsverhältnisses; die Verantwortlichkeit ist eine juristische und rechtliche nach unserer Verfassung, nicht bloss eine historisch-politische, nicht bloss eine moralische. Wir haben darauf ein wohlerworbenes Recht und dem steht eine ganz bestimmte juristische Pflicht gegenüber»[1]).

Der Streit, ob die Verantwortlichkeit des Reichskanzlers als eine «juristische» oder als eine «politische» zu bezeichnen sei, ist keineswegs ein blosser Wortstreit, wie Laband be-

---

Reichstage von dem Abgeordneten Lasker hingewiesen worden: «Es verhält sich sehr schlimm mit der juristischen Ministerverantwortlichkeit, weil herkömmlich fast von jeder Seite die Verantwortlichkeit des Ministeriums mit dem Recht und mit der Regulirung der Anklage verbunden wird. Deswegen ist vielfach die Meinung verbreitet, als ob die juristische Verantwortlichkeit in dem Recht der Anklage sich erschöpfte, als ob der juristischen Verantwortlichkeit nur Genüge gethan würde, wenn dieser oder jener Minister vor das Kriminalgericht geschleppt und vielleicht verurtheilt würde. Die Verantwortlichkeit fängt viel früher an. Sie besteht in dem Satz: Ist es Princip der Verwaltung, dass eine höchste Entscheidung ergehen kann, welche nicht kritisirt werden darf, welche bloss darin ihre Berechtigung findet, weil sie erlassen worden ist, oder ist es Princip der Verwaltung, dass jede Ausführung, jede Massregel sich muss prüfen lassen und da muss bestehen können?» (Reichstagsverhandlungen vom 26. März 1867, Sten. Ber. S. 365.)

[1]) Schulze: Lehrbuch des deutschen Staatsrechts Buch II S. 93; Zorn: Staatsrecht des Deutschen Reichs Bd. I S. 198; Meyer: Lehrbuch des deutschen Staatsrechts S. 480; Hänel in der Reichstagssitzung vom 9. März 1878, Sten. Ber. S. 407.

hauptet¹). Die Frage wird von Bedeutung, wenn der Reichskanzler ohne triftigen Grund oder überhaupt ohne Angabe eines Grundes sich weigert, auf Verlangen des Reichstags dem letztern über seine Amtsthätigkeit Auskunft zu geben. Ist die Verantwortlichkeit des Reichskanzlers ein Rechtsinstitut, so enthält diese Weigerung des Reichskanzlers eine Rechtsverletzung; ist die Verantwortlichkeit des Reichskanzlers bloss ein politisches Princip, so ist die fragliche Weigerung ohne rechtliche Bedeutung.

II. Die Frage, ob der Reichskanzler auch dem Bundesrath verantwortlich sei, ist bei den Verhandlungen im konstituirenden Reichstage nicht näher erörtert worden, obwohl dieselbe von einem Abgeordneten ausdrücklich aufgeworfen wurde²). Das abgelehnte Amendement Ausfeld und Genossen enthielt in dieser Beziehung folgende Bestimmungen: «Alle Regierungsakte des Bundespräsidiums bedürfen zu ihrer Gültigkeit der Gegenzeichnung mindestens eines Ministers, welcher dadurch die Verantwortlichkeit für den betreffenden Akt dem Bundesrathe und dem Reichstag gegenüber übernimmt³).» — «Die Minister können durch Beschluss sowohl des Bundesraths als des Reichstags wegen des Verbrechens der Verfassungsverletzung, der Bestechung und des Verraths angeklagt werden»⁴). Dagegen kannte das gleichfalls abgelehnte Amendement Erxleben-Zachariä nur eine Verantwortlichkeit der Bundesminister gegenüber dem Reichstage. Der Antrag des Abgeordneten von

---

¹) Laband: Staatsrecht Bd. I S. 356 Anm. 1.
²) Vgl. Rede des Abg. Schulze in der Reichstagssitzung vom 23. März 1867, Sten. Ber. S. 341 Sp. 2: «Wenn Sie bloss sagen, die betreffenden Personen sind verantwortlich, da bleiben ja fast alle Fragen, die sich auf die Verantwortlichkeit beziehen und die Verantwortlichkeit überhaupt erst zu etwas Wesenhaftem machen, übrig und unerledigt. Da frage ich erst: Wem sind sie dann verantwortlich? Sind sie dem Reichstag verantwortlich? Sind sie auch dem Bundesrathe verantwortlich? Wer kann die Verantwortlichkeit geltend machen? Das muss man doch sagen.»
³) Anlagen zu den Verhandlungen des verfassungberathenden Reichstags Nr. 23 S. 47.
⁴) Anlagen Nr. 30 S. 49—50.

Bennigsen, der die Grundlage des Artikels 17 der Verfassung bildet, enthielt über die Frage, wem der Reichskanzler verantwortlich ist, überhaupt keine Vorschriften. Derselbe wurde später von dem Antragsteller mündlich dahin erläutert, dass die Verantwortlichkeit sowohl dem Bundesrath als dem Reichstag gegenüber begründet sein sollte[1]). Eine besondere Bedeutung kann jedoch diesen Aeusserungen nicht beigemessen werden, da der Redner dieselben in keiner Weise motivirt hat.

Für die Ansicht, dass der Reichskanzler auch dem Bundesrath verantwortlich sei, lässt sich anführen, dass der Reichskanzler gemäss Artikel 72 der Verfassung über die Verwendung aller Einnahmen des Reichs dem Bundesrathe und dem Reichstag alljährlich zur Entlastung Rechnung zu legen hat. Fraglich bleibt indessen, ob diese Bestimmung als *lex specialis* zu behandeln oder in analoger Weise auszudehnen ist.

Entscheidend sind folgende Erwägungen.

Wie bereits früher ausgeführt wurde, sollte durch Artikel 17 der Verfassung eine Verantwortlichkeit des Reichskanzlers im Sinne der herrschenden konstitutionellen Theorie begründet werden. Aus dieser konstitutionellen Theorie aber kann eine Verantwortlichkeit des Reichskanzlers gegenüber dem Bundesrath nicht hergeleitet werden, da der Bundesrath mit einem Oberhause nicht verglichen werden kann, vielmehr zu jeder Art von parlamentarischer Körperschaft im schärfsten Gegensatze steht[2]). Durch Artikel 17 sollte ferner nur eine Verantwortlichkeit des Reichskanzlers gegenüber der Volksvertretung geschaffen werden. Dass es erforderlich sei, auch den Regierungen eine Controle über die Thätigkeit des Bundeskanzlers einzuräumen, auch für die Regierungen einen Schutz gegen Uebergriffe und Willkür-Akte des Bundeskanzlers zu schaffen, ist in dem ganzen Verlauf der Reichstagsverhandlungen mit keiner Silbe erörtert worden.

---

[1]) Rede des Abg. von Bennigsen vom 26. März 1867, Sten. Ber. S. 375, und vom 27. März 1867, Sten. Ber. S. 387.

[2]) Laband: Staatsrecht Band I S. 217 (Zweite Auflage).

In der staatsrechtlichen Litteratur wird allgemein die entgegengesetzte Ansicht vertreten. Mohl begründet dieselbe mit der «Natur der Sache», Zorn mit der «principiell rechtlichen Natur des Bundesraths»[1]). Was unter der principiell rechtlichen Natur des Bundesraths zu verstehen ist, ergiebt sich aus einer andern Bemerkung desselben Schriftstellers, in welcher der Bundesrath als «das oberste Organ der Reichsstaatsgewalt» charakterisirt ist[2]). Diese Begründung ist jedoch nicht zutreffend. Die Verwaltungsgeschäfte des Reichs sind zwischen Kaiser und Bundesrath getheilt. Für gewisse Geschäfte ist ausschliesslich der Kaiser kompetent, für gewisse andere ausschliesslich der Bundesrath; für eine dritte Gattung von Geschäften endlich ist ein Zusammenwirken von Kaiser und Bundesrath erforderlich[3]). Der Reichskanzler nun ist als Reichsminister lediglich Gehülfe des Kaisers. Derselbe hat die Rechte des Kaisers wahrzunehmen und den Anordnungen desselben Folge zu leisten. Eine Kritik seiner Thätigkeit von Seiten des Bundesraths würde gleichzeitig einen unzulässigen Eingriff in die Rechte des Kaisers enthalten, der als gleichberechtigter Faktor neben dem Bundesrathe steht[4]).

III. In Bezug auf die Frage, für welche Handlungen der Reichskanzler verantwortlich ist, hat Rönne folgende Theorie aufgestellt: Das Bundespräsidium hat die Beschlüsse des Bundesraths auszuführen; das Bundespräsidium hat auch die Befolgung der Reichsgesetze zu überwachen; dasselbe ist daher berechtigt und verpflichtet, die Bundesrathsbeschlüsse bezüglich ihrer Uebereinstimmung mit der Reichsverfassung und den Reichsgesetzen zu prüfen und eventuell die Ausführung derselben abzulehnen. Kontrasignirt der Reichskanzler Anordnungen und Verfügungen des Bundespräsidiums, welche zur Ausführung von

---

[1]) Vgl. die Citate in Anmerkung 3 Seite 27.
[2]) Zorn: Staatsrecht Band I S. 142.
[3]) Laband: Staatsrecht Band I S. 233/234 (Zweite Auflage).
[4]) Hermann Schulze: Lehrbuch des deutschen Staatsrechts Buch II S. 37 bezeichnet daher den Kaiser geradezu als «Mitträger der Souveränität».

Bundesrathsbeschlüssen erlassen werden, so übernimmt er damit auch die Verantwortung für die Gesetzmässigkeit dieser Bundesrathsbeschlüsse[1]).

Gegen die von Rönne aufgestellte Theorie sprechen dieselben Erwägungen, welche bereits unter Ziffer II geltend gemacht worden sind. Der Reichskanzler ist lediglich Gehülfe und Vertreter des Kaisers. Kaiser und Bundesrath stehen als gleichberechtigte Organe der Verwaltung in voller Unabhängigkeit neben einander. Keinem von beiden kommt daher die Befugniss zu, die Verwaltungshandlungen des anderen Theils zu beaufsichtigen und zu kritisiren.

Die Theorie von Rönne würde übrigens zu ganz absurden Konsequenzen führen, wie Seydel näher dargelegt hat. Wenn der Reichskanzler einen Beschluss des Bundesraths auf Grund des Artikels 17 der Verfassung als rechtswidrig beanstandet und der Bundesrath auf seinem Beschlusse beharrt, so muss die Angelegenheit gemäss Artikel 7 Ziffer 3 der Verfassung dem Bundesrathe zur Entscheidung vorgelegt werden. Der letztere hätte sodann über die Gesetzmässigkeit seiner eigenen Beschlüsse die Entscheidung zu treffen![2]).

Kapitel IV.

§ 6—7. Die Stellvertretung des Reichskanzlers.

§ 6. Die Stellvertretung des Reichskanzlers im Bundesrath.

Die Stellvertretung des Reichskanzlers ist nicht in einheitlicher Weise geregelt; vielmehr gelten verschiedene Grundsätze, je nachdem es sich um die Stellvertretung des Reichskanzlers als Mitglied des Bundesraths, als Vorsitzender desselben und als Reichsminister handelt.

Als Mitglied des Bundesraths kann der Reichskanzler ge-

---

[1]) von Rönne: Staatsrecht des Deutschen Reichs Bd. I S. 299 und Anmerkung (Zweite Auflage).
[2]) Seydel: Kommentar zur Verfassungsurkunde S. 128/129.

mäss § 2 der revidirten Geschäftsordnung in Verhinderungsfällen den Bevollmächtigten eines anderen Bundesstaats für eine Sitzung substituiren. Weitere Bestimmungen über die Stellvertretung des Reichskanzlers als Mitglied des Bundesraths sind nicht vorhanden. Es ist daher Sache der preussischen Staatsregierung, welche 17 Bevollmächtigte zum Bundesrath ernennen und ausserdem für diese Bevollmächtigten 17 Stellvertreter substituiren kann, einen anderen ihrer Bevollmächtigten mit der Führung der preussischen Stimme im Bundesrath zu beauftragen.

Als Vorsitzender des Bundesraths kann der Reichskanzler gemäss Artikel 15 der Verfassung sich durch jedes andere Mitglied des Bundesraths vermöge schriftlicher Substitution vertreten lassen. Das absolute Wahlrecht, welches dem Reichskanzler hiernach eingeräumt ist, hat eine Einschränkung erfahren durch Ziffer IX des bayrischen Schlussprotokolls vom 23. November 1870, in welchem es als ein «Recht» der bayrischen Regierung anerkannt wurde, dass ihr Vertreter im Fall der Verhinderung Preussens den Vorsitz führe. Demnach kann der Reichskanzler auch jetzt noch unter Uebergehung der übrigen preussischen Bevollmächtigten sich den Delegirten eines anderen Bundesstaats substituiren; nur muss er unter diesen Delegirten in erster Linie den bayrischen berücksichtigen.

§ 7. Die Stellvertretung des Reichskanzlers ausserhalb des Bundesraths.

I. Der Rechtszustand vor dem Gesetz vom 17. März 1878.

Ueber die Stellvertretung des Reichskanzlers in seiner Eigenschaft als Reichsminister war eine ausdrückliche Bestimmung in der Reichsverfassung nicht enthalten. Doch war der Reichskanzler zweifellos befugt, ebenso wie jeder andere Chef einer Verwaltungsbehörde die Ausführung einzelner Geschäfte oder einzelner Arten von Geschäften auf die ihm zugewiesenen Hülfsarbeiter zu übertragen, welche dieselben sodann unter seiner Verantwortlichkeit zu erledigen hätten¹). Einige Juristen folgerten ferner aus der Befugniss des Kaisers, den Reichskanzler nach Belieben zu ernennen und zu entlassen, dass dem Kaiser auch das Recht zustehen müsse, bei Verhinderung des Reichskanzlers demselben einen verantwortlichen Vertreter zu bestellen²).

Andere Juristen stellten die Behauptung auf, der Reichskanzler sei gemäss Artikel 15 Absatz 2 der Reichsverfassung befugt, nicht bloss für die Geschäfte im Bundesrath, sondern für den gesammten Umkreis seiner Amtsgeschäfte einen Stellvertreter zu bestellen. Zur Begründung dieser Ansicht berief man sich darauf, dass im verfassungberathenden Reichstage mehrere Amendements (die der Abgeordneten Ausfeld und von Bennigsen), welche die dem Reichskanzler nach Artikel 15 zustehende «Leitung der Geschäfte» auf die «Geschäfte im Bundesrath» beschränken wollten, ausdrücklich abgelehnt worden seien. Artikel 15 handele demnach von sämmtlichen Geschäften des Reichskanzlers; die durch den genannten Artikel begründete Substitutionsbefugniss müsse sich daher gleichfalls auf sämmtliche Geschäfte des Reichskanzlers beziehen. Diese Theorie wurde auch von der Reichsregierung getheilt und zwei Mal — in den Jahren 1872 und 1877 — praktisch zur Geltung gebracht³).

Unter den Vertretern der erwähnten Ansicht herrschte wieder Streit, ob der vom Reichskanzler gemäss Artikel 15 der Verfassung ernannte Stellvertreter die Geschäfte unter eigener Verantwortlichkeit oder unter Verantwortlichkeit des

---

¹) Laband in Marquardsens: «Handbuch des öffentlichen Rechts» Band II Erster Halbband Seite 57.
²) Georg Meyer: Deutsches Staatsrecht S. 339; Rede des Abg. Windthorst in der Reichstagssitzung vom 13. April 1877, Sten. Ber. S. 427 Spalte 1; Rede desselben in der Reichstagssitzung vom 5. März 1878, Sten. Ber. S. 337 Spalte 1.
³) Rede des Fürsten Bismarck in der Reichstagssitzung vom 5. März 1878, Sten. Ber. S. 342, 343; Joël: Hirths Annalen Jahrgang 1878 Seite 402 ff.; Hensel: Hirths Annalen 1882 S. 56/57.

Reichskanzlers zu führen habe. Auch von den Vertretern der Reichsregierung wurden in dieser Beziehung verschiedene Erklärungen abgegeben. Während der Staatssekretär von Bülow bei den Debatten des Jahres 1877 die Auffassung für zutreffend erklärte, dass durch die fragliche Stellvertretung die Verantwortlichkeit des Reichskanzlers nicht geändert würde[1]), bezeichnete der Reichskanzler selbst in der Reichstagssitzung vom 5. März 1878 diese Stellvertretung als eine «volle» und «Gesammtvertretung», durch welche auch die Kontrasignatur und Verantwortlichkeit übertragen würde[2]).

Die Streitfrage, ob der vom Reichskanzler ernannte Stellvertreter eine eigene Verantwortlichkeit habe oder nicht, bedarf keiner Untersuchung, da die ganze Theorie, dass der Reichskanzler gemäss Artikel 15 Absatz 2 der Reichsverfassung einen Stellvertreter für den gesammten Umkreis seiner Amtsgeschäfte bestellen könne, unhaltbar ist.

Wie bereits zu wiederholten Malen erörtert wurde, bezieht sich Artikel 15 nach seiner Entstehungsgeschichte ausschliesslich auf die Stellung des Reichskanzlers im Bundesrath. Aus der Ablehnung der Anträge Ausfeld und von Bennigsen kann ein *argumentum a contrario* nicht hergeleitet werden. Die beiden Amendements standen im inneren und äusseren Zusammenhange mit den Anträgen, welche von den genannten Abgeordneten auf Errichtung verantwortlicher Bundesministerien gestellt wurden[3]). Da nun die Majorität im Reichstage in Folge des entschiedenen Widerspruchs der verbündeten Regierungen gegen die genannten Anträge war, so ergab sich die Ablehnung der übrigen damit zusammenhängenden Anträge von selbst.

Die von der Reichsregierung bezüglich der Stellvertretung des Reichskanzlers befolgte Praxis führte im April 1877 zu einer längeren Debatte im Reichstage, in deren Verlauf erheb-

---

[1]) Rede des Staatssekretärs von Bülow in der Reichstagssitzung vom 13. April 1877.
[2]) Sten. Ber. S. 313.
[3]) Anlagen zu den Verhandlungen des konstituirenden Reichstags Nr. 23(2) Seite 47 Spalte 1; Nr. 48 Seite 56.

liche Bedenken gegen die Gesetzmässigkeit dieses Verfahrens geltend gemacht wurden[1]). Zur Beseitigung aller Controversen entschloss man sich nunmehr, zu einer gesetzlichen Regelung der ganzen Angelegenheit zu schreiten, welche durch das Gesetz vom 17. März 1878 erfolgt ist.

II. Der Rechtszustand nach dem Gesetz vom 17. März 1878.

Nach dem Gesetz vom 17. März 1878 steht allein dem Kaiser die Befugniss zu, für den Reichskanzler in seiner Eigenschaft als Reichsminister einen Stellvertreter zu bestellen. Die Stellvertreter des Reichskanzlers können General- oder Specialvertreter sein. Die Ersteren sind befugt, sämmtliche dem Reichskanzler als Reichsminister obliegenden Geschäfte zu erledigen; die Competenz der Letzteren ist beschränkt auf einen derjenigen Verwaltungszweige, welche sich in der eigenen, unmittelbaren Verwaltung des Reiches befinden. Die Verwaltungszweige, welche sich in der eigenen, unmittelbaren Verwaltung des Reiches befinden, stehen im Gegensatz zu denjenigen Verwaltungszweigen, die sich in der Verwaltung der einzelnen Bundesstaaten befinden und von dem Reiche nur beaufsichtigt werden[2]). Hieraus folgt: Soweit die Verwaltung von Reichsbehörden im Namen des Reiches geführt wird, ist eine Stellvertretung durch Specialvertreter zulässig; soweit die Verwaltung von Landesbehörden im Namen eines Bundesstaats geführt wird, ist eine Stellvertretung durch Specialvertreter ausgeschlossen.

Die Anordnung einer Stellvertretung für den Reichskanzler ist an zwei Voraussetzungen geknüpft: eine Verhinderung des Reichskanzlers und einen entsprechenden Antrag desselben. Nach den Erläuterungen, welche der Reichskanzler bei der Berathung des Gesetzentwurfs gab, sollte der General-Stellvertreter nur in Fällen einer vorübergehenden, persönlichen Verhinderung des Reichskanzlers (Krankheit, Urlaub, Abwesenheit) ernannt werden; die Einrichtung eines ständigen, sogenannten

---

[1]) Reichstagssitzung vom 13. April 1877, Sten. Ber. S. 417 ff.
[2]) Laband: Staatsrecht Bd. I S. 93 ff. (Zweite Auflage).

«eisernen» General-Stellvertreters war nicht beabsichtigt[1]). Dagegen sollten die Special-Stellvertreter auch in Fällen einer sachlichen Behinderung (z. B. übermässige Häufung von Geschäften) bestellt und eine dauernde Institution werden. In dem Wortlaut des Gesetzes ist dieser Unterschied nicht zum Ausdruck gekommen. Grundsätzlich muss daher die Ernennung eines General-Stellvertreters auch im Falle einer sachlichen Behinderung für zulässig erachtet werden.

Die zweite Voraussetzung für die Ernennung eines Stellvertreters ist ein entsprechender Antrag des Reichskanzlers. Ist der Reichskanzler in Folge eines Zufalls (z. B. durch plötzliche, schwere Erkrankung oder Verwundung) verhindert, den vorgeschriebenen Antrag zu stellen, so kann nach dem unzweideutigen Wortlaut des Gesetzes der Kaiser einen Stellvertreter nicht ernennen. Es bleibt ihm in diesem Falle nur übrig, einen Wechsel in der Person des Kanzlers selbst vorzunehmen. Die Richtigkeit dieser Folgerung wird bestätigt durch den Umstand, dass bei den Verhandlungen im Reichstage ein Antrag auf Streichung der Klausel «auf Antrag des Reichskanzlers» abgelehnt wurde, obwohl man von verschiedenen Seiten auf das Abnorme dieser Bestimmung hingewiesen und dieselbe geradezu «für unverträglich mit jeder monarchischen Verfassung» erklärt hatte[2]).

In der Auswahl der General-Stellvertreter ist der Kaiser nicht beschränkt. Er kann daher nicht nur jeden Reichsbeamten, sondern auch Personen, die überhaupt kein Reichs- oder Staats-Amt bekleiden, zu dieser Stellung berufen. Bei Ernennung der Special-Stellvertreter steht dem Kaiser ein direktes Wahlrecht nicht zu. Derselbe ist vielmehr verpflichtet, die Vorsteher derjenigen Verwaltungszweige, für welche ein Special-Stellvertreter ernannt werden soll, zu berufen. Eine besondere Bedeutung kann dieser Einschränkung nicht beigelegt werden, da der Kaiser in der Ernennung und Abberufung der genannten Vor-

---

[1]) Reichstagsverhandlungen vom 5. März 1878, Sten. Ber. S. 317 Sp. 2.
[2]) Rede des Abgeordneten Reichensperger-Olpe in der Sitzung vom 8. März 1878, Sten. Ber. 394.

stände vollständig freie Hand hat¹). Die fragliche Bestimmung hat lediglich den Zweck, zu verhindern, dass preussische Fachminister an Stelle von Ressortchefs der Reichsverwaltung zu Special-Stellvertretern ernannt werden. Auch wenn Stellvertreter, sei es für den gesammten Umfang der Geschäfte des Reichskanzlers, sei es für einzelne Amtszweige ernannt sind, bleibt dem Reichskanzler die Befugniss, jede Amtshandlung selbst vorzunehmen und somit thatsächlich die Competenz seiner Stellvertreter nach Belieben einzuschränken.

Die einzelnen Verwaltungszweige, für welche Special-Stellvertreter bestellt werden können, werden näher bestimmt und begrenzt durch den Geschäftskreis der obersten Reichs-Verwaltungsbehörden, d. h. derjenigen Reichs-Verwaltungsbehörden, welche dem Reichskanzler unmittelbar untergeordnet sind²). Hieraus folgt: 1) Die Zahl der Special-Stellvertreter, welche auf Grund des Gesetzes vom 17. März 1878 ernannt werden können, deckt sich mit der Zahl der obersten Reichs-Verwaltungsbehörden; 2) die Competenz eines jeden Special-Stellvertreters deckt sich mit der Competenz derjenigen obersten Reichs-Verwaltungsbehörde, deren Vorstand er ist, sofern seine Competenz nicht durch ausdrückliche Bestimmung beschränkt worden ist.

Die dem Reichskanzler unmittelbar untergeordneten obersten Reichs-Verwaltungsbehörden sind nach der Reihenfolge ihrer Errichtung:

1) Das Reichsamt des Inneren. Dasselbe wurde errichtet durch Erlass vom 12. August 1867, führte ursprünglich den Titel «Bundeskanzler-Amt», seit dem Erlass vom 12. Mai 1871 den Titel «Reichskanzler-Amt» und seit dem Erlass vom 24. Dezember 1879 — nachdem inzwischen mehrere Unterabtheilungen abgezweigt und zu selbstständigen Behörden erhoben waren — den Titel «Reichsamt des Inneren».

2) Die Reichsschulden-Verwaltung. Durch § 1 des Gesetzes vom 19. Juni 1868 betreffend die Verwaltung der

---

¹) § 25 des Reichsbeamtengesetzes vom 31. März 1873.
²) § 2 des Gesetzes vom 17. März 1878.

nach Massgabe des Gesetzes vom 9. November 1867 aufzunehmenden Bundesanleihe wurde die Verwaltung der fraglichen Anleihe der preussischen Hauptverwaltung der Staatsschulden übertragen und diese Bestimmung bei allen späteren Anleihe-Gesetzen wiederholt. Die Reichsschulden-Verwaltung untersteht der oberen Leitung des Reichskanzlers, «soweit dies mit der der Hauptverwaltung der Staatsschulden beigelegten Unabhängigkeit vereinbar ist» [1]). Soweit die obere Leitung des Reichskanzlers reicht, reicht auch die Möglichkeit einer Special-Stellvertretung. Der Titel «Reichsschulden-Verwaltung» ist durch § 3 des Gesetzes vom 27. Januar 1875 eingeführt.

3) Das Auswärtige Amt. Dasselbe wurde 1870 von dem preussischen Staatshaushalts-Etat auf den Etat des Norddeutschen Bundes übernommen.

4) Das Reichs-Marine-Amt. Durch den Erlass vom 1. Januar 1872 betreffend die oberste Marinebehörde wurde das Kgl. preussische Marine-Ministerium in eine Reichsbehörde umgewandelt und derselben der Titel «Kaiserliche Admiralität» beigelegt. Seit dem Jahre 1889 ist an Stelle der «Kaiserlichen Admiralität» ein «Reichs-Marine-Amt» getreten[2]).

5) Die Verwaltung des Reichs-Invalidenfonds. Dieselbe wurde errichtet auf Grund des Gesetzes vom 23. Mai 1873 betreffend die Gründung und Verwaltung des Reichs-Invalidenfonds. Nach § 11 des genannten Gesetzes unterliegt die den Namen «Verwaltung des Reichs-Invalidenfonds» führende Behörde der oberen Leitung des Reichskanzlers «insoweit, als dies mit der ihr nach § 12 dieses Gesetzes beigelegten Unabhängigkeit vereinbar ist». Soweit die obere Leitung des Reichskanzlers reicht, reicht auch die Möglichkeit einer Special-Vertretung.

6) Das Reichs-Eisenbahn-Amt. Dasselbe wurde errichtet auf Grund des Gesetzes vom 27. Juni 1873. Das Reichs-Eisenbahn-Amt ist Verwaltungsbehörde nur gegenüber den Privat-

---

[1]) § 2 des Gesetzes vom 19. Juni 1868.
[2]) Allerhöchster Erlass vom 30. März 1889.

bahnen; gegenüber den Reichs- und Staats-Eisenbahnen ist es lediglich Aufsichtsbehörde[1]).

7) Das Reichs-Bank-Direktorium. Dasselbe wurde errichtet auf Grund des Bankgesetzes vom 14. März 1875 und hat gemäss § 26 des genannten Gesetzes die Leitung der Bank «unter dem Reichskanzler» auszuüben. Die in dem angeführten Paragraphen enthaltene Specialbestimmung über die Stellvertretung des Reichskanzlers ist durch das Gesetz vom 17. März 1878, welches sich auch auf die «sonstigen dem Reichskanzler durch die Verfassung und die Gesetze des Reichs übertragenen Obliegenheiten» erstreckt, beseitigt[2]).

8) Das Reichs-Post-Amt. Durch Erlass vom 22. Dezember 1875 wurde die Verwaltung des Post- und Telegraphenwesens vom Ressort des Reichskanzler-Amts getrennt und einer besonderen Behörde, dem «General-Postmeister» übertragen. Durch Erlass vom 23. Februar 1880 wurde der fraglichen Behörde der Titel «Reichs-Post-Amt» beigelegt.

9) Das Reichs-Justiz-Amt. Dasselbe wurde durch das Etats-Gesetz vom 23. Dezember 1876 von dem Reichskanzler-Amt getrennt und zu einer selbstständigen Behörde erhoben.

10) Das Reichsamt für die Verwaltung der Reichs-Eisenbahnen. Durch Erlass vom 27. Mai 1878 wurde die Verwaltung der Reichs-Eisenbahnen ebenfalls zu einer selbstständigen Behörde erhoben.

11) Das Reichs-Schatz-Amt. Durch den Erlass vom 14. Juli 1879 wurde die Finanzverwaltung des Reichs von dem Reichskanzler-Amt getrennt und einer besonderen Behörde mit dem Titel «Reichs-Schatz-Amt» übertragen.

Das Reichskanzler-Amt für Elsass-Lothringen, welches durch das Etats-Gesetz vom 23. Dezember 1876 ebenfalls zu einer selbstständigen Behörde erhoben war, ist gemäss § 3

---

[1]) § 5 des Gesetzes vom 27. Juni 1873; Joël in «Hirths Annalen» 1878 S. 782.
[2]) Joël S. 783.

des Gesetzes vom 4. Juli 1879 betreffend die Verfassung und Verwaltung Elsass-Lothringens wieder aufgelöst worden.

Die Frage, wie im Falle einer Stellvertretung die Verantwortlichkeit des Reichskanzlers und seiner Vertreter gegenüber dem Reichstag sich gestalte, ist in dem Gesetz vom 17. März 1878 nicht ausdrücklich entschieden, aber im Laufe der Reichstagsverhandlungen vollkommen klar gestellt worden. Hiernach bleibt der Reichskanzler selbstverständlich für diejenigen Geschäfte verantwortlich, welche gemäss § 3 des genannten Gesetzes von ihm selbst erledigt werden. Er ist ferner verantwortlich für die Gesammtrichtung der Reichspolitik, für die leitenden Grundsätze, nach welchen die Regierung geführt wird[1]. Der Reichskanzler ist somit nicht nur berechtigt, sondern auch verpflichtet, Anordnungen seiner Stellvertreter, welche mit der Gesammtrichtung der von ihm befolgten Politik in principiellem Widerspruche stehen, abzuändern beziehungsweise gänzlich aufzuheben.

Die Stellvertreter sind ihrerseits verantwortlich sowohl für die einzelnen Handlungen, welche von ihnen vorgenommen werden, als für die Leitung der ihnen zugewiesenen Ressorts im Grossen und Ganzen[2].

Die Verantwortlichkeit für die Führung der Regierungsgeschäfte ist also nicht zwischen dem Reichskanzler und seinen Stellvertretern getheilt, sie wird vielmehr von beiden Theilen gemeinschaftlich — solidarisch — getragen. Unbedingte Voraussetzung für das Zusammenwirken des Reichskanzlers und seiner Stellvertreter ist daher, wie der Abgeordnete von Kleist-Retzow

---

[1] Rede des Fürsten Bismarck in der Reichstagssitzung vom 5. März 1878, Sten. Ber. 346—347: «Ich will mich ja in keiner Weise lossagen von der Qualität der Verantwortlichkeit, welche Herr von Bennigsen die geschichtliche und politische nennt, also für die Auswahl der Personen, für die Gesammtrichtung der Politik; das ist eine, die dem leitenden Minister niemals wird abgenommen werden können.» Ferner die Rede des Abg. von Kleist-Retzow in der Sitzung vom 8. März 1878, Sten. Ber. S. 381: «Trotz der Verantwortlichkeit der Stellvertreter bleibt der Reichskanzler im Grossen und Ganzen für die Verwaltung verantwortlich.»

[2] Joël in «Hirths Annalen» 1878 S. 789.

richtig bemerkte, «die volle geistige Gemeinschaft der betreffenden Personen» [1]).

Das Gesetz vom 17. März 1878 hat seinen Zweck, die vorhandenen Controversen über die Stellvertretung des Reichskanzlers zu beseitigen, nicht völlig erreicht. Vielmehr herrscht noch heute Streit darüber, ob der Reichskanzler gemäss § 4 des genannten Gesetzes befugt ist, durch schriftliche Substitution einen Stellvertreter für den gesammten Umfang seiner Amtsgeschäfte zu bestellen [2]). Zur Unterstützung der erwähnten Ansicht lässt sich anführen, dass im Reichstage ein Antrag der Abgeordneten Freiherr von Franckenstein und Windthorst, dem § 4 folgende Fassung zu geben: «Die Bestimmung des Artikels 15 der Verfassung über die Stellvertretung des Reichskanzlers im Bundesrath wird durch dieses Gesetz nicht berührt» ausdrücklich abgelehnt wurde [3]). Eine Debatte hat indessen über den genannten Antrag überhaupt nicht stattgefunden. Ebenso ist ein Versuch des Abgeordneten Windthorst, eine Erklärung über die Tragweite der ursprünglichen Regierungsvorlage vom Bundesrathstische zu provociren, ohne Erfolg geblieben. Ein grosses Gewicht kann daher auf die Abstimmung des Reichstags in dieser Frage nicht gelegt werden. Entscheidend ist, dass gemäss § 4 des Gesetzes vom 17. März 1878 die Bestimmung des Artikels 15 der Verfassung «unberührt» geblieben ist. Artikel 15 aber bezieht sich nach seiner ganzen Entstehungsgeschichte nur auf die Stellung des Reichskanzlers im Bundesrath. Die durch Artikel 15 begründete Substitutionsbefugniss des Reichskanzlers kann sich daher ebenfalls nur auf seine Funktionen im Bundesrathe erstrecken.

Eine zweite Streitfrage betrifft den Punkt, ob der General-Stellvertreter des Reichskanzlers ohne Weiteres (ohne schriftliche Substitution) befugt ist, den Reichskanzler als Vorsitzenden des Bundesraths zu vertreten [4]). Wie früher ausführlich dar-

---
[1] Sten. Ber. S. 381.
[2] Joël S. 794.
[3] Reichstagsverhandlungen vom 9. März 1878, Sten. Ber. S. 420/421.
[4] Hensel «Hirths Annalen» 1882 S. 59.

gelegt wurde, ist der Reichskanzler als Vorsitzender des Bundesraths Vertreter des preussischen Staats. Durch das Gesetz vom 17. März 1878 sollte lediglich die Stellvertretung des Reichskanzlers in seiner Eigenschaft als Reichsminister geregelt werden. Die Regelung der Stellvertretung des Reichskanzlers in seinem Verhältniss zum preussischen Staat lag ausserhalb der Befugnisse und Aufgaben des Reichs.

Kapitel V.
§ 8. Die Collision der dem Reichskanzler obliegenden Pflichten.

In der vorstehenden Abhandlung ist der Grundsatz durchgeführt worden, dass der Reichskanzler verfassungsmässig eine Doppelstellung einnimmt, dass er zu gleicher Zeit Vertreter Preussens im Bundesrath und verantwortlicher Minister des Reichs ist. Die Vereinigung beider Funktionen in einer und derselben Person begründet die Möglichkeit einer Pflichtencollision. Als Reichsminister hat der Reichskanzler das Interesse des Reiches zu wahren, als Vertreter Preussens im Bundesrath muss er den besonderen Vortheil dieses Staates im Auge behalten. Als Reichsminister kann er nach freiem Ermessen handeln; als preussischer Bevollmächtigter ist er an die Beschlüsse des preussischen Staatsministeriums gebunden. Widerspricht die Haltung, welche der Reichskanzler als Vertreter Preussens im Bundesrathe einzunehmen hat, den Pflichten, welche ihm gegenüber dem Reiche obliegen, so ist er befugt, die Entscheidung des Kaisers anzurufen, der ja mit rechtlicher Nothwendigkeit zugleich Träger der preussischen Königskrone ist. Der Kaiser hat sodann, sei es durch einen Wechsel der Personen, sei es durch sachliche Entscheidung die Lösung des Conflicts herbeizuführen.